Die Totengeister der Uiguren

Beobachtungen zu Islam und Gesellschaft
in Ostturkestan

PAULA SCHRODE

Für Elsa Y.

VORWORT

Diese Veröffentlichung basiert auf einer Magisterarbeit, die im Jahr 2005 am Institut für Turkologie der Freien Universität Berlin entstand. Als ein im Schatten der postsowjetischen Turkrepubliken weniger beachtetes Volk hatten die Uiguren bereits meine Neugierde geweckt, als Frau Dr. Sigrid Kleinmichel am Institut einen Neu-Uigurisch-Kurs anbot und mich schließlich als einzige Studentin ein zweites Semester hindurch unterrichtete. Für ihre intensive Begleitung bei meinen ersten akademischen Schritten bin ich zutiefst dankbar. In meinem Plan, nach Ostturkestan zu reisen, wurde ich durch die engagierte Unterstützung von Frau Prof. Dr. Barbara Kellner-Heinkele bestärkt, der ich für eine hervorragende Betreuung und Förderung während meines gesamten Studiums von Herzen danke. Die familiäre Atmosphäre am Dahlemer Institut und der persönliche Austausch zwischen Kommilitonen und Wissenschaftlern waren entscheidende Grundlagen, auf denen meine Begeisterung für die Forschung wuchs. Außerhalb des Instituts nahm sich auch Frau PD Dr. Ildikó Bellér-Hann mehrfach ausgiebig Zeit für Beratung und wertvolle Anregungen in Hinblick auf meine Feldforschung. Die Idee, sich mit Totenkult bei den Uiguren zu befassen, geht auch auf ihre Publikationen zurück.

Eine glückliche Fügung war schließlich die Begegnung mit Herrn Dr. Ablet Semet an unserem Institut, der mir bei der konkreten Wegbereitung unentbehrlich war. Nur durch ihn, Frau Aysima Mirsultan-Semet sowie deren Familien, die mich in Urumqi und Atuš herzlich empfingen und ins uigurische Leben einführten, konnte das Projekt gelingen. Ihnen und vielen anderen Uiguren, auf deren Offenheit, Gastfreundschaft und Hilfsbereitschaft die vorliegende Arbeit fußt, gilt mein besonderer Dank.

Die Feldforschung wurde mit einem Stipendium des „Deutschen Akademischen Auslandsdienstes" verwirklicht, dem ich für die großzügige Unterstützung danke. Frau Prof. Dr. Ingeborg Baldauf danke ich ganz herzlich für ihr Interesse an meiner Arbeit und die Zeit, die sie für Korrekturen und wertvolle Verbesserungsvorschläge aufgebracht hat.

Der größte Dank gilt schließlich meinen Eltern, die mein Studium und dessen erfolgreichen Abschluss ermöglicht haben, mich stets ermutigten, wichtige Schritte zu gehen, und mir mit vielfältiger Unterstützung jederzeit zur Seite standen. Meine Geschwister, Freunde und Verwandten, die an der Entstehung der Arbeit rege Anteil genommen haben und mir mit Korrekturlesen und technischem Rat zur Seite standen, möchte ich ebenfalls in besonderer Dankbarkeit erwähnen.

Die Veröffentlichung dieser Studie zu einem der bedrängten Völker Ostturkestans ist den vielen Uiguren gewidmet, die mir ihre Kultur und ihr Land nahe gebracht haben, und die auf die Aufmerksamkeit ausländischer Öffentlichkeit dringend hoffen.

Heidelberg, Oktober 2007

كىرىش سۆز

قولىڭىزدەكى بۇ كىتاب 2005-يىلى بېرلىن ھۇر ئۇنىۋېرسىتېتىنىڭ تۈركۈلوگىيە بۆلۈمىدە
سۈنۈلغان ئاسپىرانتلىق ماقالامنى ئاساس قىلىدۇ. بىرقانچە يىل بۇرۇن دوكتور سىگرىد
كىلاسنمىكبېل (Sigrid Kleinmichel) خانىم ئاچقان "ھازىرقى زامان ئۇيغۇر تىلى" دەرسكە
قاتاشقىنىمدا ۋە دەرسنىڭ ئىككىنچى ماۋسۇمدا، مەن بۇ دەرسنى داۋاملاشتۇرغان بىردىن
بىر ئوقۇغۇچى بولۇپ قالغان ۋاقىتىمدىلا، سۈبۈت ئىتتىپاقى پارچىلانغاندىن كېيىن تۈرك
جۇمھۇرىيەتلىرىنىڭ سايسىدا قىلىپ، دۇنيا جامائەتچىلكىنىڭ دىققىتىدىن بىرئاز يىراق
قالغان ئۇيغۇرلارغا نىسبەتەن ئالاھىدە قىزىقىشىم قوزغالغانىدى. دەرسنىڭ داۋاملىشىشى
ۋە پروفېسسور دوكتور باربارا كېلنېر-ھائېنكېلى (Barbara Kellner-Heinkele) خانىمنىڭ
ئالاھىدە كۆڭۈل بۆلۈشى ھەم ئىلھام بېرىشى نەتىجىسىدە بۇ قىزىقىشىم تېخىمۇ كۈچىيىپ،
مېنى شۇ ئۇيغۇرلارنىڭ ئانا يۇرتىغا بېرىش قارارىغا كەلتۈرگەن ئىدى.

ئۇيغۇرلارنىڭ ئۇلۇم-بىتىم ئادەتلىرى ھەققىدە تەتقىقات ئېلىپ بېرىش پىلانىم، چوڭقۇر بىلىمى
ۋە ياردەمسۈيەرلىكى بىلەن بۇ تەتقىقاتىمنى باشتىن ئاخىر قوللىغان، ھەر ۋاقىت يېتەرلىك
ۋاقىت ئاجرىتىستىپ مەن دۇچ كەلگەن ھەر خىل مەسىلەلەرنى مەن بىلەن بىرلىكتە مۇزاكىرە
قىلغان ۋە ماڭا چۈشەندۈرگەن خابىلىتانت دوكتور ئىلدىكو بېللەر-ھانن
(Ildikó Bellér-Hann) خانىمنىڭ ئىلان قىلىغان ئەسەرلىرىنى ئوقۇش جەريانىدا ئۆزجۇتقا
كەلگىنىدى.

كېيىنچە دوكتور ئابلەت سەمەتنىڭ ئىنىستىتۇتىمىزغا ئوقۇتقۇچى بولۇپ كېلىشى ۋە پۈتۈن
كۈچى بىلەن قوللىشى نەتىجىسىدە تەتقىقاتىم تېخىمۇ ئۇڭۇشلۇق بولدى. كېيىنچە ئابلەت
ئارقىلىق ئايسىما مەرسۇلتان ۋە ئۇلارنىڭ ئۇرۇمچى ئارتۇشلاردىكى ئائىلە تاۋاباتلىرى بىلەن
تونۇشتۇم. ئۇلارنىڭ ئائىلىسىدىكىلەر بىلەن بىرلىكتە ياشىشىم ۋە شەرقى تۈركىستاننىڭ
جەنۇبىدىكى ھەرقايسى جايلاردا ئېلىپ بارغان ئەمەلى تەكشۈرۈش خىزمەتلىرىم مېنى
ئۇيغۇرلارنىڭ تۇرمۇش ۋە ئۇرپ-ئادەتلىرى ھەققىدە تېخىمۇ ياخشى چۈشەنچىلەرگە ئىگە
قىلدى، شۇنداقلا شۇ ئاساندا تەتقىقاتىمنىڭ بۇ دەسلەپكى مېۋىسى بولغان بۇ كىتاب
مەيدانغا كەلدى. مەن ئۇلارغا ۋە بۇ يەردە ئىسمى تىلغا ئېلىنماي قالغان ئۇيغۇر
دوستلىرىمنىڭ ھەممىسىگە، ئۇلارنىڭ قىزغىنلىقى، مېھماندوستلىقى ۋە ياردەمسۈيەرلىكى
ئۈچۈن چىن دىلىمدىن رەھمەت ئېيتىمەن.

ئاخىردا پروفېسسور دوكتۇر ئىنگېبورگ بالدائۇف (Ingeborg Baldauf) خانىمنىڭ تەتقىقاتىمنى قوللىغانلىقى، ماقالىنى تەپسىلىي ئوقۇش ۋە خاتالىقلارنى تۈزۈتۈش ئۈچۈن سەرپ قىلغان ۋاقتى شۇنداقلا بەرگەن قىممەتلىك مەسلىھەت ۋە تەكلىپلىرى ئۈچۈن چوڭقۇر مىننەتدارلىقىمنى بىلدۈرىمەن.

ئاتا-ئانامنىڭ ۋە تۇغقانلىرىمنىڭ ۋە دوستلىرىمنىڭ ھەر تەرەپلىمە ياردىمى ۋە ئىلھامى بولماستىن، ئوقۇشۇمنىڭ ۋە تەتقىقاتىمنىڭ مۇۋاپپىيەتلىك ئاخىرلىشىشى مۇمكىن ئەمەس ئىدى. ئۇلارغىمۇ ئەلۋەتتە ئالاھىدە رەخمەت ئېيتماي تۇرالمايمەن.

مەن بۇ تەتقىقاتىم ئارقىلىق، ئۆز ۋەتىنى شەرقىي تۈركىستاندا بېسىم ئاستىدا ياشاۋاتقان مىللەتلەر ۋە مېنى ئۆز مەدەنىيىتىنى تەخمۇ ياخشى چۈشۈنۈشكە يېتەكلىگەن ئۇيغۇرلىغان ئۇيغۇر دوستلىرىمغا بولغان ھىسداشلىقىمنى ئىپادەلەيمەن. چەتئەل جامائەتچىلىكنىڭ بۇلارغا تەخمۇ كۆپ كۆڭۈل بۆلۈشىنى ۋە ھەر جەھەتتىن ياردەم بېرىشىنى چىن قەلبىمدىن ئۈمىت قىلىمەن.

پەردە
ھايدەلبېرگ، 2007-يىلى ئۆكتەبىر

INHALTSVERZEICHNIS

Vorwort 1
Inhaltsverzeichnis 5

Einleitung 7

1 Die Uiguren in Ostturkestan 10
1.1 Landeskunde und ethnische Identität 10
1.2 Zur Geschichte des Islams in Ostturkestan 12
1.3 Soziale Organisation der Uiguren 13

2 Religion bei den Uiguren 16
2.1 Die Kategorien *din*, *örp-adät* und *xurapatliq* 16
2.2 Geisterglaube und Heiligenkulte 18
2.3 Schamanen und „Schamanismus" 21

3 Das Konzept der *ärvahlar* 23
3.1 Die Unterscheidung von *roh*, *ǧan* und *ärvah* 23
3.2 Der *roh* im lebenden Menschen 24
3.3 Die postmortale Existenz als *ärvah* 25

4 Die *ärvahlar* in der religiösen Praxis 28
4.1 Der Tod als ritueller Prozess 28
4.1.1 Die Bestattung 28
4.1.2 Die *näzir*-Phase 32
4.2 Regelmäßige und kalendarische Riten 37
4.2.1 Segensformeln und *du'a* 37
4.2.2 Besuch und Pflege der Gräber 38
4.2.3 Der häusliche Bereich: *yaġ puritiš* 40
4.2.4 Die Feste *roza heyt* und *qurban heyt* 41
4.2.5 Der Monat *bara'ät* und die *bara'ät kečisi* 42

5	Soziale und rituelle Differenzierungen	44
5.1	Alltagskultur und Genderstrukturen	44
5.2	Hierarchisierungen religiöser Praxis	50
5.3	Männer und Frauen im Totenkult	55
6	Ansätze zur religionswissenschaftlichen Einordnung	61
6.1	„Geister" und ihre Existenzformen	61
6.2	Reziprozität zwischen *ärvahlar* und Lebenden	65
6.3	Die *näzir*-Feiern als Form von „Opfermahl"	70
6.4	Die Begriffe „Ahnenkult" und „Totenkult"	72
6.5	„Kontextualisierter Islam" und soziale Heterogenität	75

Zusammenfassung	81
Transkription des Uigurischen	84
Literaturverzeichnis	85
Index	94

EINLEITUNG

Die Konfrontation mit Sterben und Tod ist in allen Gesellschaften mit religiösen Vorstellungen und Ritualen verbunden. Das Ende eines Menschenlebens wirft nicht nur die Frage nach der Interpretation des Einzelschicksals, sondern auch nach dem Fortbestand der sozialen Einheit auf und ist damit eine grundlegende Herausforderung an das kulturelle System. Rituelle Handlungen und religiöse Deutungsmuster erfüllen hier zentrale Funktionen bei der Reproduktion einer sinnstiftenden Ordnung.

Das Schicksal des Menschen nach dem Tod ist einerseits Ausdruck kulturspezifischer Personenkonzepte und Weltbilder und andererseits eine variable Größe, die unter die Verantwortung der Lebenden fällt. Die vorliegende Arbeit geht den Fragen nach, welche Vorstellungen von postmortaler Existenz heute bei den Uiguren Ostturkestans (Xinjiang/Volksrepublik China) verbreitet sind, in welchen Formen sie in Weltbilder integriert sind und wie sie im Leben der Menschen Ausdruck finden. Die Sorge für die Geister der Toten, die *ärvahlar*, ist Teil eines religiösen Wertesystems. Da religiöse Vorstellungen ebenso wie rituelle Performanzen von gesellschaftlichen Strukturen abhängen, sind auch die sozialen Kontexte zu beleuchten, in denen der Totenkult tatsächlich praktiziert wird und seine Bedeutungen erhält.[1]

Bislang gab es keine Veröffentlichungen, die sich eigens Konzepten vom Tod und deren ritueller Umsetzung bei den Uiguren widmeten. Sammlungen ethnographischen Materials, die auch Schilderungen von Bestattungsriten und Hinweise zum Totenkult beinhalten, wurden Ende des 19. und zu Beginn des 20. Jhs. unter anderen von N. TH. KATANOV und GUNNAR JARRING zusammengetragen, jedoch keinen umfassenden Analysen unterzogen. Daneben gibt es von einheimischen Autoren wie ABDUKERIM RAXMAN, ABDURÄHIM HÄBIBULLA, RÄVÄYDULLA HÄMDULLA und ŠERIP XUŠTAR neuere, breit angelegte Veröffentlichungen mit Beschreibungen all dessen, was von den Autoren als uigurisches Brauchtum verstanden wird. Hier sind sämtliche kulturellen Bereiche wie Wohnen, Essen, Kunst, Namensgebung und auch Religion abgedeckt, doch werden keine methodologischen Erläuterungen, Quellen-

---

[1] Der Begriff „Totenkult" wird in Kap. 6.4 problematisiert.

angaben oder sonstige Hinweise zur Herkunft der erhobenen Daten gegeben. Teile der Darstellungen basieren auf fragwürdigen theoretischen Prämissen und evolutionistischen Konstrukten, was sich insbesondere auf dem Gebiet der Religion niederschlägt.

Vor allem seit den neunziger Jahren des 20. Jhs. gibt es auf Feldforschungen basierende Veröffentlichungen meist ausländischer Autoren zu politischen, sozialwissenschaftlichen und religionswissenschaftlichen Themen. Trotz verbesserter Forschungsmöglichkeiten in Xinjiang seit dieser Zeit bleibt die Anzahl derartiger Studien allerdings begrenzt. Für die vorliegende Untersuchung lieferte vor allem ILDIKÓ BELLÉR-HANNs Aufsatz „'Making the oil fragrant' – dealings with the supernatural among the Uighur in Xinjiang" von 2001 wichtige Anstöße.

Neben Literaturrecherchen, bei denen auch Veröffentlichungen und historische Materialien zu angrenzenden Regionen Zentralasiens, islamwissenschaftliche Sekundärquellen sowie theoretische Ansätze aus den Kultur- und Sozialwissenschaften herangezogen wurden, stützt sich die vorliegende Arbeit im Wesentlichen auf die Ergebnisse einer dreimonatigen Feldforschung im Spätsommer und Herbst 2004 in Xinjiang. Die Kreise meiner Informanten umfassten alle Altersgruppen, verschiedene soziale und regionale Herkünfte sowie beide Geschlechter, wobei ich aufgrund der normativen Geschlechtertrennung jedoch stetigere Kontakte zu Frauen hatte.[2] In Urumqi war mein Umfeld vorwiegend von Akademikern und Studenten geprägt, die allerdings vielfach aus Bauernfamilien in Südxinjiang stammten. Im Anschluss an eine Reise durch die südlichen Oasen Hotan, Yarkend und Kašgar verbrachte ich auch zwei Wochen auf einem drei Generationen umfassenden ländlichen Hof im Umkreis der Stadt Atuš.

Die im Folgenden präsentierten Forschungsergebnisse, die sich direkt auf den Totenkult und insbesondere auf die Bestattungsriten beziehen, stammen zum großen Teil aus Interviews und zeigen daher in erster Linie kulturelle Innensichten. Einerseits transportieren mündliche Aussagen wichtige implizite Interpretationen, die es in der Analyse als solche zu erkennen gilt, andererseits aber klammern sie Aspekte aus, die einer fremden Beobachterin möglicherweise besonders bedeutsam erschienen wären. Aus den gesammelten Daten können somit zwar Grundmuster emischer Bedeutungen und kultureller

---

[2] Wenn die männliche grammatikalische Form im Text verwendet wird, soll sie beide Geschlechter einschließen oder zumindest keines ausschließen, sofern der Kontext auf nichts anderes verweist. Die weibliche Form zeigt dagegen an, dass es im Zusammenhang ausschließlich um Frauen geht.

Symbolik abgeleitet werden, doch ist zu beachten, dass es sich um die Formulierung normativer Ideale handelt, von denen die Praxis durchaus abweichen kann. Im Verlauf der Forschung zeigte sich, dass viele auf die Geister der Toten bezogene Vorstellungen und Riten über soziale Schichten hinweg unabhängig vom Bildungsgrad geteilt werden und Fragen nach diesem Komplex nicht als unangemessen gelten; vielmehr war ich bisweilen erstaunt über die Offenheit, mit der ich Auskünfte über persönliche religiöse Angelegenheiten erhielt.[3] Die Kürze des Forschungsaufenthalts und der fragmentarische Charakter an verschiedenen Orten und mit unterschiedlichen Methoden gesammelter Informationen zeigen allerdings, dass diese Studie nur auf einige wenige Aspekte von Totenkult bei den Uiguren eingehen kann. Ein Rahmen, der es beispielsweise zuließe, regionale oder soziokulturelle Unterschiede in der Verbreitung einzelner Ideen und Bräuche vertieft zu behandeln und anhand analytischer Kategorien zu systematisieren, ist nicht gegeben.

In diesem Zusammenhang ist auch auf den bestenfalls heuristischen Nutzen der Kategorie „uigurisch" hinzuweisen, die weder Einheitlichkeit noch Ausschließlichkeit der rituellen Praxis suggerieren soll; vielmehr zeigt die gelegentlich hinzugezogene Sekundärliteratur zu anderen zentralasiatischen Regionen zahlreiche, auch sehr grundsätzliche Parallelen. Die Verbreitung der religiösen Konzepte, von denen die Rede sein wird, verläuft nicht entlang einfacher geographischer und ethnischer Grenzen, und der Fokus der vorliegenden Untersuchung beschränkt sich aus rein pragmatischen Gründen auf die uigurische Bevölkerung Xinjiangs. In diesem Sinne bedeuten „uigurischer" Totenkult oder „uigurische" Gesellschaft im Folgenden lediglich, dass die Zugehörigkeit zum uigurischen Sprachkontext einen gemeinsamen Nenner für die dokumentierten Beobachtungen bildet.[4]

---

[3] Aufgrund der heiklen politischen Lage ist die Möglichkeit, Fragen zu stellen, in manchen Kontexten dennoch begrenzt (vgl. G. E. FULLER/J. N. LIPMAN 2004, 331; zur politischen Situation in Ostturkestan siehe folgendes Kapitel).
[4] Bis auf zwei aus Atuš stammende Kirgisinnen, die kaum kirgisisch, sondern uigurisch wie Muttersprachlerinnen sprachen, waren meine Informanten ausschließlich Uiguren.

1 Die Uiguren in Ostturkestan

1.1 Landeskunde und ethnische Identität

Die türksprachigen Uiguren (uig. *uyġur*),[1] die dem sunnitischen Islam hanefitischer Prägung angehören, bilden einer der größten ethnischen Minderheitengruppen Chinas und leben hauptsächlich in der dünn besiedelten „Uigurischen Autonomen Region Xinjiang" an der Westgrenze der Volksrepublik. Der Großteil der uigurischen Bevölkerung ist sesshaft und betreibt Ackerbau und Viehzucht.[2] Die Oasenstädte, die das Tarim-Becken rings umgeben, sind bis heute hauptsächlich uigurisch geprägt, wenngleich die „Sinisierung" (*činlašturuš*), d.h. vor allem der von staatlicher Seite forcierte Zuzug von Han-Chinesen, stetig voranschreitet.[3] Als ein Ergebnis dieser Politik haben die Uiguren laut offiziellen Quellen ihren Status als größte ethnische Gruppe Xinjiangs in jüngster Zeit an die Han-Chinesen abgetreten.[4] Während der Süden des Landes noch vornehmlich agrarisch geprägt ist, haben sich in den letzten Jahrzehnten im Norden einige industrielle Zentren und chinesisch dominierte Städte entwickelt.

Die uigurisch geprägten Landesteile, aus denen auch die uigurische Bevölkerung der Provinzhauptstadt Urumqi zu großen Teilen stammt, werden

---

[1] Für die Wiedergabe des Neuuigurischen in Lateinschrift verwende ich das im Anhang aufgeführte Transkriptionssystem, das den in uigurisch-englischen Wörterbüchern gängigen Formen weitgehend entspricht. Die Wiedergabe arabischer Wörter orientiert sich an den Konventionen der DMG. Geläufige Ortsnamen und Begriffe werden nicht in wissenschaftlicher Umschrift, sondern in einer allgemein gebräuchlichen Form wiedergegeben, z.B. Uiguren, Urumqi, Kirgistan, Turfan, Khoja.
[2] D. C. GLADNEY 1990, 15; die Landwirtschaft besteht im Wesentlichen aus Schafzucht und Anbau von Weizen, Baumwolle, Mais, Obst und Gemüse.
[3] Als „Han" (uig. *xänzu*) werden die ethnischen „Chinesen" bezeichnet, die in China auch insgesamt die größte Bevölkerungsgruppe darstellen. Die „Sinisierung" wird mit verschiedenen Mitteln vorangetrieben, u.a. besonders effektiv durch die Verdrängung des Uigurischen im Schulunterricht (A. M. DWYER 2006, 37-41); zu dieser Entwicklung siehe auch G. E. FULLER/J. N. LIPMAN 2004, 334 f.
[4] Die offizielle Webpräsenz der Volksrepublik China china.org.cn konstatierte für das Jahr 2003: „The largest ethnic group comprises some 7,497,700 Han people, accounting for 40.6 percent of the population of Xinjiang. The remaining 10,964,900 people or 59.4 percent, represent no fewer than 47 ethnic minority groups." http://www.china.org.cn/english/MATERIAL/139224.htm (Zugriff am 30.10.2007); siehe auch S. W. TROOPS 2004.

im Folgenden auch unter der Bezeichnung „Ostturkestan" zusammengefasst.[5] Diese Region und ihre Bevölkerung sind nicht nur aufgrund ihrer Geschichte, die über Jahrhunderte mit den kulturellen und politischen Zentren der muslimischen Welt verbunden war, sondern auch aufgrund ihres Selbstverständnisses vor allem als Teil Zentralasiens und der Welt der Türkvölker zu verstehen; besonders die sprachliche und kulturelle Nähe zu den Usbeken wird von Uiguren häufig betont.[6]

Die Idee und das Selbstverständnis einer uigurischen Ethnie entstanden erst im 20. Jh. auf Grundlage der Wiederbelebung und Neubelegung der alten Bezeichnung *uyġur* im Zuge einer sowjetisch inspirierten chinesischen Minderheitenpolitik. J. J. RUDELSON bewertet diesen Prozess folgendermaßen:

> „However, the use of the term Uyghur covered over a whole host of internal differences among the oases of the Tarim Basin, and the Chinese government's classification of the Uyghurs shaped their ethnic identity to a large extent. Whether the Chinese government and their Soviet advisers knew it or not, by uniting all the sedentary Turkic Muslim oasis dwellers under a single identity, they effectively drew a map within which the Uyghurs already saw themselves living."[7]

Ethnizität spielt in der heutigen Gesellschaft Ostturkestans für die dort lebenden Minderheiten eine herausragende Rolle bei der Konstruktion persönlicher Identität und bei Strategien zur Wahrung kultureller Eigenständigkeit. Eine mindestens ebenso große und konfliktträchtige Rolle spielt die Religion als ein Teil der ethnischen Identität. Obwohl Religionsausübung in China staatlich kontrolliert und speziell in Ostturkestan gezielt beschränkt wird,

---

[5] Die Bezeichnung „Ostturkestan", deren uigurische Entsprechung *Šärqiy Türkistan* in China aus politischen Gründen verboten ist, ist eine seit dem 19. Jh. in der Wissenschaft gebräuchliche Bezeichnung, die bisweilen auch für westlich ans heutige Xinjiang angrenzende Gebiete verwendet wird (zu den politischen Konnotationen des uigurischen Ausdrucks vgl. M. FRIEDERICH 1995, 5-11; A. YALÇINKAYA 1997). Ich bezeichne damit den südwestlichen Teil Xinjiangs, d.h. im Wesentlichen die Regionen um das noch vorwiegend von Uiguren besiedelte Tarimbecken, die auch der vorliegenden Untersuchung zugrunde liegen, sowie die angrenzende Ili-Region, die vom historischen und ethnischen Gesichtspunkt aus ebenfalls darunter zu fassen ist. Diese gängige Definition entspricht z.B. Art. „Ostturkestan" in *Meyers Taschenlexikon* [4]1992, Bd. 16.
[6] Tatsächlich zeigt sich die Nähe auf vielen Ebenen der Alltagskultur wie Essen oder Kleidung. Beliebt sind auch Popmusikimporte aus Usbekistan (darüber hinaus ist auch Musik aus der Türkei, Indien und Russland populär, während han-chinesische Musik in uigurischen Kreisen kaum eine Rolle zu spielen scheint).
[7] Zit. J. J. RUDELSON 1997, 7.

scheint sich die Präsenz des Islams im uigurischen Alltagsleben in den letzten Jahren vor allem im südlichen Xinjiang verstärkt zu haben.[8]

1.2 Zur Geschichte des Islams in Ostturkestan

In der frühen Zeit des Islams in Ostturkestan stand *uyġur* explizit für eine nichtmuslimische Identität, sondern bezog sich gerade auf diejenigen Bevölkerungsteile, die am längsten den Buddhismus beibehielten.[9] Neben der Sprache ist das Bekenntnis zum sunnitischen Islam heute jedoch ein entscheidendes Kriterium der Zugehörigkeit zur uigurischen Ethnie. Spätestens seit dem 9. Jh. hielt mit muslimischen Kaufleuten auch deren Religion auf den sogenannten „Seidenstraßen" Einzug. Als Schlüsselereignis der Islamisierung Ostturkestans wird in der Geschichtsschreibung die Bekehrung des Qarakhaniden-Fürsten Satuq Bughra Khan im 10. Jh. hervorgehoben, dessen Mausoleum bei Atuš bis heute ein bedeutendes Pilgerziel ist. Nach weiteren Islamisierungsschüben zur Zeit der Mongolenherrschaft gewann der Islam vor allem durch missionarisch tätige wandernde Sufis an Boden, und seit dem 15. Jh. wuchs der Einfluss des Naqšbandiyya-Ordens auf religiöser, aber auch politischer und wirtschaftlicher Ebene.[10] In den folgenden Jahrhunderten kam es auch zu kurzen Perioden, in denen Naqšbandi-Khojas die Herrschaft über Teile Ostturkestans innehatten, vornehmlich aber war diese Zeit von Unruhen und Konflikten zwischen den

---

[8] Diese Entwicklung lässt sich exemplarisch am Fasten im Ramadan ablesen, welches den Bediensteten in öffentlichen Einrichtungen wie auch Studenten an der Xinjiang Universität verboten ist (nach Informationen von Studenten werden immer wieder Kommilitonen des illegalen Fastens überführt und der Universität verwiesen; vgl. auch N. BECQUELIN 2004, 39 und G. E. FULLER/J. N. LIPMAN 2004, 337 f.). Viele Familien, in denen früher nicht oder unvollständig gefastet wurde, fasteten nun dennoch geschlossen und den gesamten Monat hindurch. Häufig betonten vor allem Personen aus dem intellektuellen Milieu, für sie habe das Fasten erst als Reaktion auf den politischen Druck an Bedeutung gewonnen. Zum Islam als identitätsstiftendem Faktor vgl. auch D. C. GLADNEY 1990, 12.

[9] Zu Geschichte und Verwendung der Bezeichnung *uyġur*: J. J. RUDELSON 1997, 5 ff.; M. FRIEDERICH 1995, 6 f.; T. HOPPE 1995, 56-9. Große Teile der *uyġur*, die im 9. Jh. nach der Zerstörung ihres Kaghanats (dessen Staatsreligion ein adaptierter Manichäismus gewesen war, vgl. W. BARTHOLD 1945, 37-46; P. B. GOLDEN 1992, 155-76) durch die Kirghiz ins buddhistisch geprägte Tarim-Becken einwanderten, hatten den Buddhismus angenommen (W. SAMOLIN 1964, 72-6). Daneben war auch das nestorianische Christentum in der Region lange Zeit einflussreich (zum Nestorianismus unter den Qara-Khitay siehe R. C. FOLTZ 1999, 70; 108).

[10] Die Naqšbandiyya löste damit den im 14. Jh. dominanten Yasaviyya-Orden an Bedeutung ab (J. F. FLETCHER 1995, 4 f.).

einzelnen rivalisierenden Lineages geprägt. Mit der Rückeroberung der damals vom Kokander Yakub Beg regierten Gebiete durch die Mandschu-Truppen im Jahr 1884 wurde Ostturkestan unter dem offiziellen Namen „Xinjiang" (chin. „neues Territorium") endgültig Provinz des Kaiserreichs und schließlich, im Jahr 1955, als „Uigurische Autonome Provinz Xinjiang" Teil der Volksrepublik China.[11]

Die zeitweise Macht der Naqšbandi-Khojas führte zwar nur zu kurzen und instabilen Phasen religiöser Herrschaft, doch bestand die Bedeutung dieser Epoche für die Geschichte Ostturkestans nach ISENBIKE TOGAN darin, den Islam zu einem legitimierenden Faktor von Herrschaft und zugleich zu einer identitätsstiftenden Kraft unter den heterogenen Oasenbevölkerungen gemacht zu haben.[12] Die Islamisierung von Politik und Gesellschaft wirkt im kulturellen Gedächtnis bis heute nach: Religion diente bis in die jüngste Zeit bei zahlreichen Aufständen gegen die chinesische Kolonialmacht als Leitmotiv, und die Uiguren betrachten sich heute vor allem durch ihr Bekenntnis zum Islam, dessen Ausübung von staatlicher Seite kritisch beobachtet und stark reglementiert wird, als im Widerspruch zur dominanten Kultur der Han-Chinesen stehend.[13]

1.3   Soziale Organisation der Uiguren

Während die Uiguren sich in Abgrenzung zu den übrigen Ethnien Xinjiangs vor allem über „Nationalität" (*millät*) oder Religionszugehörigkeit definieren, sind in anderen sozialen Kontexten auch andere Differenzierungskonzepte von Bedeutung. Eine wichtige Rolle spielt die regionale Herkunft, die RUDELSON als „oasis identity" bezeichnet.[14] Die Konstruktion dieser Identität wird durch die Praxis der Endogamie unterstützt: Im ländlichen Alltag bilden Verwandtschaft und Nachbarschaft im Viertel (*mähällä*) das wichtigste gesellschaftliche Umfeld, und viele Nachbarn sind zugleich Verwandte.

Das soziale Leben des Individuums wird durch eine feste Abfolge von Lebenszyklusriten im Rahmen von Festen (*toy*) strukturiert. Nach der Geburt

---

[11] J. THROWER 2004, 211-4.
[12] Zur Geschichte der Khojas in Ostturkestan siehe auch G. HAMBLY 1966, 149 ff. und I. TOGAN 1992; zur religiösen Verehrung ihrer Mausoleen T. ZARCONE 2001, 146-9.
[13] I. TOGAN 1992, 134 ff.; umgekehrt setzt die politische Repression hauptsächlich an der Beschneidung von Religionsfreiheit an (N. BECQUELIN 2004, 41). Zu Konflikten um den Islam in Xinjiang siehe G. E. FULLER/J. N. LIPMAN 2004, 335-45, sowie zur traditionellen Rolle des Islams in regionalen Widerstandsbewegungen ebd., 328.
[14] J. J. RUDELSON 1997; ebd. 2004, 302 f.; vgl. auch T. HOPPE 1998, 57.

eines Kindes findet eine feierliche Namensgebung (*at toy*) statt, bei der die väterliche Seite, meist durch den Großvater, einen zukünftigen Namen wählt, wodurch die rechtliche Zugehörigkeit des Kindes zur Patrilinie zum Ausdruck kommt.[15] Von großer Bedeutung als Schritt aus der frühen Kindheit heraus ist für die Jungen die Beschneidung (*sünnät toy* oder *xätnä toy*), die im Alter von etwa sieben Jahren stattfindet. Der Eintritt ins vollständige soziale Leben ist erst mit dem Vollzug der Hochzeit (*qiz-yigit toy*) und der Gründung eines eigenen Haushalts abgeschlossen. Gleichzeitig gilt jedoch ein kontinuierliches Senioritätsprinzip, wodurch das Individuum zwar im Laufe seines Lebens einen immer höheren Status in der Altershierarchie gewinnt, andererseits aber bis zuletzt den Entscheidungen Älterer – in erster Linie der Eltern oder der älteren Geschwister – unterstellt ist, wobei die männlichen Positionen stets mehr Gewicht besitzen.[16]

Auf allen Ebenen des sozialen Umgangs ist Gender von größter Bedeutung: Die Unterschiede zwischen den Geschlechtern und ihren jeweiligen Rollen sind von den kleinsten gesellschaftlichen Einheiten ausgehend das grundlegende Ordnungsprinzip.[17]

Mit der Ehe verschiebt sich durch die Patrilokalität vor allem die Unterordnung der Frau zu den Schwiegereltern hin, während der Mann zeitlebens vorrangig von den leiblichen Eltern abhängt. Ein verheirateter Sohn lebt mit seiner Frau in der Regel so lange auf dem Hof der Eltern, bis der nächstjüngere Bruder verheiratet wird, woraufhin das ältere Paar einen eigenen Haushalt gründet.[18]

Die uigurische Gesellschaft ist patrilinear organisiert. Als Gegengewicht dazu wird jedoch der matrilinearen Verwandtschaftsgruppe ein zwar informeller, im Alltag aber nicht unerheblicher Stellenwert beigemessen. Im Rahmen der Patrilokalität scheint man beispielsweise bemüht, die Töchter möglichst im gleichen Dorf und nicht allzu fern vom eigenen Elternhaus zu verheiraten. Insofern unterstreicht die bereits erwähnte endogame Praxis den realen Stellenwert der Matrilinie.

---

[15] Im nicht seltenen Fall einer Scheidung kann die geschiedene Frau zwar häufig ihre Töchter behalten, befindet sich damit allerdings sozial wie ökonomisch im Nachteil (siehe unten in diesem Kapitel).
[16] Eigene Beobachtungen und Aussagen von Informanten.
[17] Die Angaben in den folgenden Abschnitten beruhen auf meinen Beobachtungen in ländlichen *mähällä*-Strukturen um Atuš, werden aber von der Sekundärliteratur auch auf breiterer Basis gestützt (vgl. J. J. RUDELSON 1997).
[18] Eigene Beobachtungen und Aussagen von Informanten; dies ist ein unter vielen zentralasiatischen Völkern verbreitetes Muster (vgl. L. KRADER 1963, 338-51).

Für den Erhalt der Patrilinie und die ökonomische Existenzgrundlage sind männliche Nachfahren unerlässlich: Während Töchter dem Haushalt dauerhaft keinen Vorteil bringen, bleiben die Söhne als Arbeitskraft erhalten und reproduzieren die Familie. Dem steht gegenüber, dass Söhne ihre wichtigste Funktion faktisch dadurch erfüllen, dass sie durch Heirat wiederum Frauen in den Haushalt einführen: Die einheiratenden Schwiegertöchter sind ebenso unerlässliche Garantinnen für das Hervorbringen einer nächsten Generation wie die leiblichen Söhne und tragen durch ihre Arbeitskraft wesentlich zu Reproduktion und Prestige der Familie bei.[19] Laut Angaben von Informanten aus Atuš zahlen die Eltern des Bräutigams bei Heiratstransaktionen im ländlichen Milieu ein Brautgeld (*toyluq*) von 5.000-10.000 Yuan und bis zu 20.000 Yuan unter Bessergestellten, etwa Beamten. Führt man sich vor Augen, dass Angehörige eines gut situierten Hofes von knapp 300 Yuan im Monat leben, wird der Wert einer Schwiegertochter als Investition deutlich.[20] Der geringe Wert von eigenem weiblichem Nachwuchs wertet Frauen jedoch insgesamt ab. Die Frau ist als Braut Objekt, und ihr Status im neuen Haushalt ist immer von einem gewissen Grad von Abhängigkeit und Fremdheit geprägt. Der Mann wird dagegen als Akteur und als Vertreter der Lineage gesehen: er ist derjenige, der allein durch sein Mannsein die Braut ins Haus holt, und damit auch derjenige, dem der Fortbestand der Familie zu verdanken ist. Die Abhängigkeit, in der seine ökonomische Lage und sein gesellschaftliches Prestige von seiner Ehefrau stehen, wird von den kulturellen Zuschreibungen verdeckt. Die soziale und vor allem die Heiratspraxis konstruieren demnach ein Ungleichgewicht zwischen dem normativen Wert und der tatsächlichen Bedeutung der Geschlechterrollen.

---

[19] Anschauliche Erläuterungen zu den praktischen Konsequenzen einer Kombination aus patrilinearem Abstammungssystem, Patrilokalität und Brautpreis geben S. BAŞTUĞ/N. HORTAÇSU 2000, 118-24.
[20] 10 000 Yuan entsprachen im Sommer 2004 etwa 1000 €. Die Angabe zum monatlichen Pro-Kopf-Verbrauch bezieht sich auf ein konkretes Beispiel aus Atuš.

2 Religion bei den Uiguren

2.1 Die Kategorien *din*, *örp-adät* und *xurapatliq*

Wenn es um religiöses Verhalten geht, werden im Uigurischen vor allem die Begriffe *din* und *örp-adät* verwendet.[1] Das Wort *din* enthält im Vergleich zur neutralen Übersetzung „Religion" bereits eine wertende Konnotation. So wurde ich von einer jungen Bäuerin gefragt, ob wir in Deutschland *din* oder *but* („Götzen", „Gottheiten") hätten. Ferner begegnete ich oft und auch in akademischen Kreisen dem abschätzigen Urteil, die Chinesen hätten kein *din* („*Xänzularniŋ bir dini yoq*").[2]

Der Ausdruck *örp-adät* oder auch nur *adät* wird mit „custom", „tradition" übersetzt und bezieht sich nicht notwendigerweise auf Religion, sondern auf Sitten und Gewohnheiten jeglicher Art wie Essenskultur, Hochzeitsbräuche oder Umgangsformen, sofern diese einer bestimmten Gruppe zugeordnet werden. Häufig erfüllt *örp-adät* die Funktion, nationale Identität zu beschreiben, etwa die Uiguren kulturell zu verorten und von den Han-Chinesen oder einer anderen *millät* abzugrenzen. Zugleich bezeichnet der Begriff in der politisierten Sprache die legitimen Formen kultureller Eigenständigkeit im Gegensatz zu separatistischen Tendenzen oder *xurapatliq*.[3]

Die polemische Verwendung des Ausdrucks *xurapatliq*, der für „Aberglaube", „Heterodoxie" steht, geschieht von sehr gegensätzlichen Seiten mit entsprechend unterschiedlicher Stoßrichtung: Im Umfeld der Kommunistischen Partei wird Religion generell als *xurapatliq* bezeichnet, was bedeutet, dass diese im Zuge des Fortschritts zu überwinden sei.[4] Auf der anderen Seite

---

[1] *örp-adät* von arab. *'urf* und arab. *'āda* („Brauch", „Gewohnheit", „Sitte").
[2] Hier könnte auch Monotheismus bzw. Zugehörigkeit zu den „Schriftbesitzern" das Kriterium sein.
[3] Zur Konnotation des Begriffes *örp-adät* im politischen Kontext siehe I. BÉLLER-HANN 2001a, 9 f.
[4] *xurapatliq* von arab. *ḫurāfa* („Faselei", „Aberglaube"). Dem Konfliktpotential, das durch die Zurückdrängung von Religion aus dem öffentlichen Leben entsteht, soll eine Politik entgegenwirken, die offiziell die Minderheiten schützt, indem sie bestimmte Bräuche als *örp-adät* klassifiziert und diese dann als säkulares Lokalkolorit fördert. Unter diesen Bedingungen bedienen sich auch uigurische Veröffentlichungen einer Sprachregelung, die den Einfluss von Religion in der Gesellschaft herunterspielt. So heißt es in der „Ethnographie der Uiguren" von A. HÄBIBULLA, das Fest zum Ende des Ramadans und das muslimische Opferfest hätten zwar religiöse Ursprünge, hätten sich aber gleichsam im Zuge voranschreitender Entwicklung zu traditionellen Volksfesten

gibt es puristische religiöse Strömungen, die bestrebt sind, den Islam unter den Uiguren von lokalen Verfälschungen und „Aberglaube" zu reinigen, und die sich des Begriffs auf ihre Weise ebenfalls polemisch bedienen.[5] Die Möglichkeit, sich auf diesem Weg von bestimmten religiösen Praktiken zu distanzieren, begegnete mir in meinen eigenen Gesprächen weniger mit der Konnotation von „Aberglaube" oder „Irrglaube", sondern eher von sozial manipulierendem religiösem Handeln. Eine junge Frau etwa beklagte sich mir gegenüber darüber, dass ihre Schwiegermutter mit Hilfe von „Zauberinnen" (ǧadugärlär) versuche, Einfluss auf das Eheleben ihres Sohnes zu nehmen.[6] Sie bezeichnete die Abhängigkeit der Schwiegermutter von diesen Frauen als xurapatliq, zugleich machten ihre Äußerungen aber deutlich, dass sie an der Wirksamkeit der angewandten Techniken nicht zweifelte.[7] Es ging also nicht darum, den Glaube an Zauberei als „falsch" zu verurteilen, sondern deren Anwendung zu einem bestimmten Zweck abzulehnen.

Im allgemeinen Sprachgebrauch wird bezüglich des hier behandelten Komplexes der Totengeister gleichermaßen von adät oder örp-adät und din gesprochen. Dies ist insofern von Interesse, als sich für das Verhältnis zwischen dem Anspruch eines universalen Islams einerseits und tatsächlicher regionaler Religionspraxis andererseits kaum eine adäquate und wertneutrale Begrifflichkeit für die wissenschaftliche Beschreibung finden lässt. Demgegenüber ist zu betonen, dass meine Informanten in der Regel die Riten des Totenkults als spezifisch „uigurisch" und zugleich als Ausdruck von Islam verstanden.

---

gewandelt („qurban heyt bayrimimu rozaheytqa oxšaš äsli islamiyä äqidisi boyiča yilda bir qetim ötküzülidiǧan bayram bolup, xuddi roza heytniŋ uyǧurlarniŋ än'änivi milliy bayrimi-ǧa aylinip qalǧiniǧa oxšaš ǧäryan arqisida tädriǧiy halda milliy bayram tüsini alǧan"; Zit. ebd. 2000, 363).

[5] T. ZARCONE 2001, 158-61.
[6] Im hier angeführten Gespräch wurden die ǧadugär allgemein als Frauen dargestellt; zu Genderstereotypen im Zusammenhang mit Religion vgl. unten, Kap. 5.2.
[7] So habe die Schwiegermutter heimlich ein Hemd ihres Sohnes als Ritualobjekt zu einer ǧadugär gebracht, damit diese Koransuren über dem Kleidungsstück ausspricht und ihm so eine magische Wirkung verleiht. Die Informantin hatte dies bemerkt und machte das Ritual wirkungslos, indem sie das Hemd vernichtete und entsorgte, sobald die Schwiegermutter es zurückbrachte.

2.2 Geisterglaube und Heiligenkulte

Der Umgang mit dem Tod in der uigurischen Gesellschaft ist im allgemeinen Kontext des Glaubens an die Existenz verschiedener Arten von „Geistern" (*roh*, Pl. *rohlar*) zu sehen, d.h. von für Menschen nicht sichtbaren Wesen, welche die Welt bevölkern. Nicht nur die Geister der Verstorbenen sind ein durchaus alltägliches Gesprächsthema, sondern auch die *ǧinlar* (Pl. von *ǧin*, arab. *ǧinn*) scheinen allgegenwärtig. Während mit *albasti* und *šaytun* stets böse und gefährliche Geister gemeint sind und *ǧin* auch neutral verwendet wird, ist diesen Wesen doch insgesamt ein unberechenbarer Charakter zu eigen, der sie gefährlich machen kann, wenn sie gereizt werden.[8] Daneben gibt es auch gute und wohlwollende Geister, für welche die Bezeichnung „Engel" verwendet wird (*pärištä*, von pers. *ferešte*).[9]

Die *ǧinlar* sind keine richtenden Instanzen, sondern Wesen, mit deren scheinbarer Willkür plötzliches und unverschuldetes Pech oder Unheil erklärt wird: „The fear of evil spirits (djin) is common. They are supposed to be present everywhere and in most cases they will harm people. The evil spirits may appear in all kinds of shapes as, e.g., people, dogs etc. Often people will be possessed by evil spirits."[10] Die schadenbringenden Geister müssen gemieden, kontrolliert oder abgewehrt werden. Da Friedhöfe, einsame Umgebungen, unreine Orte wie Latrinen und bestimmte Bäume wie Ulmen (*qariyaǧač*) als bevorzugte Aufenthaltsorte der *ǧinlar* gelten, verspricht deren Meidung einen gewissen Schutz.[11] Bei schwerwiegenden Störungen durch den Einfluss von Geistern – meist Krankheiten und Besessenheit – werden religiöse Spezialisten aufgesucht, die besonderes Talent im Umgang mit ihnen besitzen und fähig sind, sie zu besänftigen, in Bündnisse einzubeziehen oder zu vertreiben. Einfache Riten wie das Verbrennen bestimmter Pflanzen (*isriq seliš*), deren Rauch reinigende und abwehrende Wirkung zugeschrieben wird, können jedoch von jedem durchgeführt werden: Die auch halluzinogen wirkende Steppenraute (*adrasman*), Wacholder (*arča*) sowie Apfelholz und Apfelblätter vertreiben gefährliche Geister und ziehen gleichzeitig *pärištä* an. *Isriq seliš* spielt bei Anlässen wie der Eröffnung eines Ladens, dem Einzug in eine Wohnung, vor

---

[8] *albasti* ist nach Karl H. Menges auf iran. *alamasté* zurückzuführen, das einen einäugigen Dämon bezeichnet (ebd. 1976 (I), 99 f.).
[9] Inwieweit diese „Engel" traditionellen islamischen Kosmologien entsprechen, ist mir nicht bekannt.
[10] Zit. G. Jarring 1979, 11.
[11] Aussagen verschiedener Informanten; unter Ulmen sollte man etwa nicht urinieren, da die *ǧinlar*, die sich hier gerne aufhalten, sich dafür rächen könnten.

Feiertagen oder bei größeren, von Zeremoniellen begleiteten Ereignissen eine Rolle, um die entsprechenden Räumlichkeiten zu reinigen.[12] Auch ein an der Wohnungstür hängendes Bündel Wacholderzweige verhindert, dass *ğinlar* und *šaytunlar* in die Wohnung gelangen. Die entsprechenden Substanzen werden oft von älteren Frauen auf dem Markt angeboten, sind aber auch im Sortiment traditioneller Apotheker zu finden.

Neben den nichtmenschlichen Geistern spielen die Seelen menschlicher Verstorbener eine wichtige Rolle in der spirituellen Sphäre. Dies manifestiert sich sehr prägnant an den Heiligengräbern, die im zentralasiatischen Islam insgesamt ein verbreitetes Phänomen sind.[13] Als „Heiliger" bzw. „Heilige" (*ävliya*) wird im Uigurischen eine Person bezeichnet, die durch ein besonders frommes Leben, Märtyrertum oder die Fähigkeit, Wunder zu wirken, als Gott besonders nahe stehend gilt. Auch viele der mit politischer wie spiritueller Autorität ausgestatteten Angehörigen der Khoja-Linien, für die als Nachfahren des Propheten teils prachtvolle Mausoleen errichtet wurden, werden als *ävliya* verehrt.[14] Es gibt unzählige regionale Heilige, und auf beinahe jedem Friedhof in Ostturkestan befindet sich mindestens eine, architektonisch meist besonders hervorgehobene Grabstätte (*mazar*; auch *ziyarätgah*, „Pilgerort" oder *muqäddäs ğay*, „heiliger Ort"), die von der lokalen Bevölkerung oder auch überregional verehrt wird. In einigen Gegenden ist ein *mazar* auch an langen, senkrecht in die Erde gesteckten Holzstangen (uig. *tuğ*) zu erkennen, an deren oberen Ende meist ein Stück Stoff befestigt ist.[15]

---

[12] Alle Informationen in diesem Abschnitt entstammen den Erläuterungen von Einheimischen. Weitere Angaben finden sich bei A. HÄBIBULLA 2000, 396 f.
[13] Einen Überblick über Heiligenkulte in Ostturkestan gibt T. ZARCONE 2001; eine konkrete Pilgerfahrt uigurischer Frauen in Kasachstan beschreibt I. BELLÉR-HANN 2004a. Viele der großen Mausoleen Xinjiangs wurden zu staatlichen Touristenzielen erklärt (zur Politik der „Desakralisation" heiliger Stätten siehe ebd., 141-4); in der Praxis wird von einheimischen Pilgern jedoch meist kein Eintrittsgeld genommen.
[14] Auf die Nähe zu Gott verweist auch die Etymologie von *ävliya* (Pl. *ävliyalar*), bei dem es sich um den Plural *awliyā'* zu arab. *walī* („nah"; „Nahestehender", „Freund") handelt (zur allgemeinen Bedeutung des *walī* im Islam siehe M. CHODKIEWICZ 1995). Die Übersetzung als „Heilige" scheint angemessen, da Bedeutungen und Funktionen der *ävliyalar* mit denen der Heiligen im christlichen Kontext gut vergleichbar sind, auch wenn es im Islam keine Institution der „Heiligsprechung" gibt: Die Bezeichnung als *ävliya* hängt in Ostturkestan lediglich von der Bedeutsamkeit der Person in einem kollektiven Gedächtnis ab.
[15] Ich habe dieses Phänomen hauptsächlich in den Gegenden um Hotan und Yarkend beobachtet, während einige meiner Freunde aus Urumqi über meine Fotos von dort erstaunt waren. Gelegentlich werden auch einfache Gräber mit einer Stange markiert,

Die Verehrung (*tavap qiliš*) eines *ävliya* findet im Wesentlichen in Form von individuellen Besuchen am Grab (*ziyarät*) oder größeren, kalendarischen Pilgerfahrten statt.[16] Die Grabstätte wird nach dem Vorbild der Ka'aba in Mekka umwandelt, der Sarkophag oder Gegenstände, die den Heiligen repräsentieren, werden geküsst, Tücher als Zeichen der Verehrung oder Speisen auf das Grab gelegt und Lichter entzündet. Die Besuche von Heiligengräbern können je nach Bedeutung des *ävliya* als einfache Akte der Verehrung und fromme Handlungen oder auch als Ersatz für die Fahrt nach Mekka gelten. In den meisten Fällen sind sie darüber hinaus mit konkreten, diesseitigen Anliegen der Pilger verbunden: Nach gängiger Auffassung können die *ävliyalar* die göttlichen Pläne voraussehen und deren Umsetzung durch ihre Nähe zu Gott bisweilen beeinflussen.[17] Das *mazar* selbst wird durch den dort wohnenden Geist des *ävliya* zum *muqäddäs ğay*. Spezialisten wie Wahrsager bieten hier bevorzugt ihre Dienste an, und häufig gilt auch die Erde um das *mazar* als heilkräftig.[18]

Den Heiligenkulten liegt nicht nur der Glaube an das Weiterleben der Seele nach dem Tod zugrunde, sondern auch der Glaube an deren mögliche Einflussnahme auf die Sphäre der Lebenden. Diese Vorstellungen sind auch in den Riten für „gewöhnliche" Verstorbene wirksam – den *ävliyalar* wird aufgrund ihres hohen Status im religiösen System lediglich besondere Macht zugeschrieben.

---

doch an Heiligengräbern hinterlässt oft jeder Pilger ein eigenes *tuġ* in der Erde. Aus meinen Gesprächen mit Einheimischen gewann ich den Eindruck, dass es keine verbreitete Erklärung für die Bedeutung dieses Brauches gibt. Die Verwendung von ähnlichen Stangen bei Heilritualen, in denen mit Geistern kommuniziert wird (vgl. folgendes Kapitel), verweist evtl. auf eine ursprüngliche Bedeutung als Verbindungsachse „zwischen den Welten" hin. Die Existenz solch einer Idee legen auch Leitern nahe, die gelegentlich auf Gräbern zu finden sind (von mir lediglich in Yarkend beobachtet; DILMURAT OMAR, den ich in Urumqi traf, forschte damals zu diesem Gegenstand).

[16] *tavap* (arab. *ṭawāf*) bezeichnet ursprünglich die „Umdrehung" bzw. das Umkreisen eines Heiligtums, hat sich jedoch im Uigurischen auf Praktiken der Verehrung insgesamt ausgeweitet.

[17] Vgl. T. ZARCONE 1995, 299-303.

[18] RAHILÄ DAVUT beschreibt in *Uyġur mazarliri* auch spezifische Vorstellungen und rituelle Praktiken, die jeweils an einem ganz bestimmten *mazar* üblich sind (ebd. 2001); siehe auch A. HÄBIBULLA 2000, 346 ff.

2.3 Schamanen und „Schamanismus"

Im Kontext von Geisterkonzeptionen in Zentralasien begegnet einem in der Sekundärliteratur und häufig auch unter gebildeteren Uiguren immer wieder der Begriff „Schamanismus" (*šamanizm* oder *šaman dini*). In Ostturkestan gibt es traditionelle uigurische Heiler und Heilerinnen, die als *baxši, perixon* oder *daxan* bezeichnet werden und deren Praktiken Parallelen zum „klassischen" sibirischen Schamanentum aufweisen.[19] Personen mit akademischem Hintergrund ersetzten die uigurischen Bezeichnungen im Gespräch mit mir häufig direkt durch das Wort „Schamane" (*šaman*). Die Heilrituale, die von diesen „Schamanen" oftmals für von Geistern besessene Personen (*tälbä*) durchgeführt werden, finden in Anwesenheit und unter Beteiligung des Patienten und eines Publikums statt und werden als *pir oynitiš* bezeichnet. Sie bestehen aus stundenlangen, von Trommeln und Gesang begleiteten ekstatischen Tänzen des Heilers, in deren Verlauf dieser in Kontakt mit den Geistern tritt.[20]

Vielen ethnographischen Werken aus der Sowjetunion und China liegen auch im späteren 20. Jh. marxistisch beeinflusste Kulturtheorien zugrunde, die „den Schamanismus" als eigene Religionsform betrachten, die einer bestimmten vormodernen Gesellschaftsform zuzuordnen sei.[21] Hier herrscht die Vorstellung eines allgemeinen, zentralasiatisch-sibirischen Schamanismus, der sich nun in einem Zustand der graduellen Überlagerung durch monotheistische Einflüsse befinde. Vor allem aber führen auch junge uigurische Intellektuelle eigene, meist aus dem häuslichen religiösen Bereich stammende Traditionen auf Spuren eines alten „*šamanizm*" zurück. Der „Schamanismus" wird zumal in nationalistisch geprägten Kreisen gerne als gemeinsames Erbe der Türkvölker und Teil ihrer kulturellen Identität postuliert, der durch die Islamisierung zurückgedrängt worden sei.[22] In vielen Fällen, in denen vom „schamanistischen" Ursprung lokaler Bräuche gesprochen wird, gibt es jedoch

---

[19] Für eine Beschreibung der Tätigkeiten dieser Spezialisten siehe A. HÄBIBULLA 2000, 403; allgemeiner Überblick in I. BELLÉR-HANN 2004b.
[20] Zur Beschreibung einer solchen Heilung siehe u.a. G. JARRING 1979, 11 f. (Dokumentation aus dem Jahr 1907); RAHILÄ DAVUT (Xinjiang Universität/Urumqi) zeigte mir eine eigene, nur wenige Jahre alte Videoaufnahme von einer Heilséance in Kašgar. Schamanische Hilfsgeister in einer islamisierten Gesellschaft untersuchte V. N. BASILOV anhand des usbekischen Kontextes (ebd. 1984).
[21] Diesen Ansatz vertritt etwa DU SHAOYUAN (siehe ebd. 1995, 41 ff.).
[22] Vgl. die Erläuterungen bei B. G. PRIVRATSKY 2001, 18 f. zur vergleichbaren Situation in Kasachstan. Die Zuordnung archaisch anmutender religiöser Bräuche zu *šamanizm* ist in uigurischen Religionsgeschichtsschreibungen Standard (A. RAXMAN 1989, 476-94; A. HÄBIBULLA 2000, 371; 393-408).

keinerlei Hinweise darauf, dass die entsprechenden Traditionen in Zusammenhang mit einem institutionellen Schamanentum entstanden sind und heute Relikte einer eigenen Religion darstellen. Tatsächlich kann wohl für keine Epoche von einer umfassenden und einheitlichen Religion gesprochen werden, die man als „den Schamanismus" bezeichnen könnte, sondern Schamanen waren als religiöse Spezialisten stets Teil unterschiedlicher soziokultureller Kontexte und übten ihre Tätigkeit innerhalb verschiedener weltanschaulicher Systeme aus.[23]

BÉLLER-HANN weist darauf hin, dass es bei den heutigen Uiguren nicht nur „Schamanen", sondern unter verschiedenen Bezeichnungen auch andere Heiler gibt, deren Methoden nicht in ekstatischen Tänzen und Trancezuständen bestehen.[24] Auch hier liegt jedoch der Diagnose und Heilung stets eine Kosmologie zugrunde, die den Einfluss von Geistern als Akteuren im Leben und Schicksal menschlicher Individuen sowie umgekehrt die Möglichkeit der Beeinflussung dieser Geister durch rituelle Handlungen voraussetzt. In unserem Kontext gilt festzuhalten, dass bei den Uiguren ein Glaube an spirituelle Wesen verbreitet ist, die in die menschliche Existenz involviert sind. Die Person des Geisterheilers oder Schamanen ist jedoch keine zentrale Instanz dieses Weltbilds, wie es WALTER/FRIDMANs Definition von Schamanismus als einem „religious belief system in which the shaman is the specialist of knowledge" entspräche, sondern sie fungiert bei den Uiguren als eine rein praktische Institution in einem islamischen System.[25]

---

[23] Zur Verwendung des Begriffs „Schamanismus" schreibt ROBERTE HAMAYON: „This implies the co-occurrence of two criteria: (1) the shamanic institution is a constitutive part of social organization, and (2) the shamanic institution is in charge of the regular life-giving rituals, destined to ensure the reproduction of society and its natural resources." Zit. R. HAMAYON 1994, 77.
[24] I. BÉLLER-HANN 2001b, 74 f.
[25] M. N. WALTER/E. J. N. FRIDMAN 2004, xi; siehe auch U. JOHANSEN 1999, 41. Die Verbindung schamanischer Praktiken mit dem Islam kommt bei den Uiguren vor allem in den Ritualtexten deutlich zum Ausdruck (vgl. DU SHAOYUAN 1995, 41).

3 DAS KONZEPT DER *ÄRVAHLAR*

3.1 Die Unterscheidung von *roh*, *ǧan* und *ärvah*

Die Konzepte von Totengeistern bei den Uiguren sind in ihrem Bezug zu ganz grundsätzlichen Vorstellungen vom Menschen, seiner Natur und seiner Existenz zu verstehen. Das uigurische Wort *roh* (arab. *rūḥ*) ist im Deutschen je nachdem, ob es sich um einen lebenden oder bereits verstorbenen Menschen handelt, am besten mit „Seele" oder „Geist" bzw. „Totengeist" wiederzugeben. Es bezeichnet die Identität eines Menschen sowie deren aktuelle Verfassung und kann je nach Kontext auch mit „Stimmung", „Gemüt", „psychische Stärke" oder „Unterbewusstsein" wiedergegeben werden.[1] Das uigurisch-englische Wörterbuch führt im Zusammenhang mit *roh* Ausdrücke an wie *rohi čüšüp kätmäk* („to be in low spirits"), *rohini kötürüp qoymaq* („to encourage, lift spirits"), *rohsizliq* („depression", wörtl. etwa: „Zustand ohne *roh*"), *rohluq* („high-spirited, lively"), *rohiy dunya* („the spiritual world"), *rohiy azab* („inner conflict, turmoil") und die Aufzählung *roh, dil vä bädän* („spirit, soul and body"; *dil*, hier mit „soul" übersetzt, bedeutet wörtl. „Herz").[2]

Der *roh* ist im Uigurischen vom Konzept des *ǧan* (pers. *ǧān*) abzugrenzen, das für „Leben", „Lebendigkeit", „Lebensenergie", aber auch „Seele", „Mensch", „Lebewesen" steht. Der Begriff *ǧan* wird ausschließlich im Zusammenhang mit Lebenden verwendet. Der Tod eines Menschen, der nach dem letzten Atemzug eintritt, bedeutet das Ende des *ǧan* (vgl. den Ausdruck *ǧan üzmek* für „sterben"; wörtl. „das *ǧan* abbrechen/abreißen"). Weitere Ausdrücke mit *ǧan* sind *ǧan köydürüš* („to do something earnestly") oder *ǧansiz* („lifeless, weak, feeble"). Häufig wird auch die Frage gestellt: „*a'iliŋizdä qančä ǧan bar?*" („wie viele Personen [*ǧan*] gibt es in Ihrer Familie?").

Während *roh* für den Geist eines Lebenden oder Verstorbenen stehen kann, bezeichnet das Wort *ärvah* (der Form nach arab. Plural *arwāḥ* zu *rūḥ*) ausschließlich den Geist des Toten, allerdings in der Einzahl: Zusätzlich mit dem uigurischen Pluralsuffix versehen (*ärvahlar*) bezeichnet es „die Toten" bzw. „die Totengeister" als Gesamtheit. Die Austauschbarkeit der Begriffe *roh* und *ärvah*, wenn es um Verstorbene geht, macht bereits deutlich, dass durch die verschiedenen Ausdrücke keine konzeptuelle Gegensätzlichkeit konstruiert,

---

[1] Allerdings wiederum nicht gleichzusetzen mit *miǧäz*, „(individueller) Charakter", „Temperament".
[2] *Uyġur-inglizčä luġät. A Concise Uighur-English Dictionary*, 1997.

sondern lediglich eine Unterscheidung der Existenzkontexte vorgenommen wird. Ferner werden synonym zu *ärvah* häufig die vom Verb *ölmäk*, „sterben", abgeleiteten Substantive *ölük* oder *ölgüči* verwendet, die eigentlich schlicht „Leichnam" oder „Verstorbener" bedeuten, ohne die spirituelle Substanz oder den „Toten*geist*" zu betonen. Sie können sich jedoch auch auf den Toten als weiterhin existierendes Wesen beziehen.

3.2 Der *roh* im lebenden Menschen

Aus den Aussagen meiner Informanten ergibt sich ein Bild verbreiteter Vorstellungen über den menschlichen *roh*, in denen seine relative Unabhängigkeit vom Körper zentral erscheint. Während das Entweichen des *ǧan* den Tod bedeutet, kann der *roh* auch zu Lebzeiten den Körper verlassen: vorübergehend, etwa im Schlaf, oder andauernd in Zuständen psychischer Krankheit.[3] Begegnet man im Traum einem anderen Menschen, bedeutet dies, dass dessen *roh* tatsächlich in irgendeiner Form mit dem eigenen zusammengetroffen ist. Träumen wird ein Wahrheitsgehalt beigemessen, und oft wird nach Erklärungen gesucht, warum ausgerechnet der *roh* einer bestimmten – lebendigen oder verstorbenen – Person im Traum zu jemandem gekommen sei und sich in einer gewissen Art und Weise verhalten habe.[4]

Der *roh* ist kein bewusster Teil der Persönlichkeit, doch macht sich sein Zustand konkret in der Verfassung eines Menschen bemerkbar. Wenn etwa einer nahestehenden Person etwas zustößt, geht man davon aus, dass der eigene *roh* dies spürt, was sich dann in einer gewissen Unruhe äußert. Wiederholt habe ich erlebt, wie Personen in für sie als einschneidend empfundenen Situationen fest davon ausgehen, dass nahestehende Menschen wie Familienangehörige oder Freunde auch dann unbewusst Bescheid wüssten, wenn man ihnen das entsprechende Ereignis bewusst verschweigt. Umgekehrt stärkt und erfreut es den *roh* eines Angehörigen in der Ferne, wenn man positiv an ihn denkt und „bei ihm ist". Als ich einem Freund gegenüber erwähnte, dass der kommende Tag der Geburtstag meines Vaters sei, und wir uns vornahmen, darauf anzustoßen, bereute er einige Tage später voller Ernst, dass wir dies verpasst hatten. Als ich einwandte, das sei für meinen Vater in Deutschland doch eigentlich gleich, widersprach er entschieden: „*rohi bilidu*" („sein Geist

---

[3] Besonders gefährdet vom Verlust der Seele sind Kleinkinder (DU SHAOYUAN 1995, 49).
[4] Zufällige Informationen aus entsprechenden Situationen.

weiß/merkt es"). Eine Frau, die ich nach dem Grund für diese „Allwissenheit" des *roh* fragte, gab eine Erklärung, die an Konzepte der wesenhaften Einheit von Gott und Mensch im Sufismus erinnert: Gott (*xuda/alla*) sei allwissend, und da der *roh* der Teil des Menschen sei, der Gott am nächsten sei, könne auch er vieles sehen.[5]

Der *roh* ist kein intellektuelles Bewusstsein, sondern ein in gewisser Weise auch zu Lebzeiten vom Körper unabhängiger Persönlichkeitsaspekt, dessen Wahrnehmung nicht an die physischen Sinne gebunden ist, von dessen Zustand aber die konkrete Befindlichkeit eines Menschen abhängt. Solch eine Auffassung erinnert an Konzeptionen aus anderen Gegenden Zentralasiens und Sibiriens, nach denen eine der drei menschlichen Seelen, die „Körperseele", in der Lage ist, den Körper zu verlassen oder auch in einen anderen einzugehen. Gewöhnliche Menschen haben von diesen Vorgängen kein Bewusstsein; lediglich Schamanen können die eigene Seele in dieser Hinsicht kontrollieren.[6] Die Uiguren gehen zwar von einem einzigen *roh* aus, dieser ist jedoch nicht identisch mit dem *ğan*, das sich nur beim Tod vom Menschen lösen kann.

Weitverbreitet ist schließlich der Glaube, der *roh* eines Menschen könne von einem anderen Geist entführt und die beraubte Person „besessen" werden, was sich in körperlicher oder psychischer Erkrankung äußert.[7] Über einen Mann aus einem Dorf im Südwesten wurde mir erzählt, er sei seit seiner Jugend mit einer *päristä* verheiratet und habe Kinder mit ihr, die natürlich für andere nicht sichtbar seien. Er könne seitdem zwar keinen „normalen" sozialen Umgang mehr pflegen, doch wurde sein Schicksal nicht weiter bedauert, da er ja das Glück gehabt habe, „guten Geistern" zu begegnen.

3.3 Die postmortale Existenz als *ärvah*

Während meiner Forschungen habe ich keinen Einheimischen getroffen, der Zweifel an der postmortalen Existenz des *roh* geäußert hätte; Tod bedeutet lediglich Verfall des Körpers und Verlöschen des Lebensprinzips *ğan*. Die wichtigste Aufgabe der Angehörigen und der Trauergemeinschaft ist es, für

---

[5] Ibn 'Arabīs Gedanke der „Einheit alles Seienden" (*waḥda-tu'l-wuğūd*), verbreitete sich im 13. Jh. vor allem im persisch-türksprachigen Gebiet nachhaltig (vgl. A. SCHIMMEL 1995, 401-6); über einen direkten Zusammenhang dieses sufischen Konzepts mit der von mir dokumentierten Auffassung kann jedoch nur spekuliert werden.
[6] K. HESSE 2001, 39.
[7] I. BELLÉR-HANN 2001b passim.

einen sicheren Eintritt des *roh* in seinen neuen Status als *ärvah*, für sein
beständiges Wohlbefinden und für seine Zufriedenheit zu sorgen; *ärvahlar*, die
vernachlässigt und vergessen werden, magern ab oder „verhungern".[8] Die
Kontinuität zwischen dem roh eines Lebenden und dem *roh* als *ärvah* ist an
dieser Stelle noch einmal eigens zu betonen.

Auf die Frage nach dem jenseitigen Aufenthaltsort der *ärvahlar* wurde mir
erzählt, sie hielten sich am Grab auf, bewegten sich unter ihren lebenden
Angehörigen, könnten aber auch überall anders sein. Zu Vorstellungen von
Reinkarnation habe ich wenig erfahren, es scheint sie aber vereinzelt zu geben.
Das Buch von RAXMAN enthält eine schematische Abbildung, die in zwei
Halbkreisen dem Uhrzeigersinn folgend die Stationen der Existenz eines
Menschen darstellt. Der obere Halbkreis steht dabei für die Lebensphase, die
mit der Geburt (*tuġuluš dävri*) beginnt. Darauf folgen die „Übergangsstufe"
(*ötkünči basquč*) zur Pubertät (*balaġätkä yetiš*), die Hochzeit (*toy murasimi*) und
schließlich die „Übergangsphase" (*ötkünči dävr*) des Alters. Der untere Halb-
kreis umfasst zwei Phasen des Totenzustands, nämlich zunächst das Totenze-
remoniell (*ölüm murasimi*) und dann die Existenz als Geist (*roh*). Diese letzte
Daseinsform führt nun interessanterweise – dargestellt durch einen Pfeil –
wieder zur „Wandlung in ein Lebewesen" *hayatliqqa özgiriš*, die nahtlos in die
„Phase im Mutterleib" (*qorsaqtiki dävr*) als letzten Abschnitt des unteren
Halbkreises übergeht. Anschließend beginnt der Kreislauf von Neuem mit der
Geburt.[9]

Eine Uigurin aus Aqsu, der ich die Abbildung zeigte, bestätigte mir, dass
eine Auffassung, nach welcher der *roh* eines Verstorbenen in den Körper eines
Neugeborenen eingehen könne, verbreitet sei. Wie die folgenden Kapitel
zeigen werden, ist dies aber kein zentraler Gedanke für die rituelle Praxis,
wenngleich die Existenz von (Re-)Inkarnationsideen in einer Bevölkerung, die
im Laufe der Zeit mit verschiedensten religiösen Sytemen in Kontakt war,
Raum für religionshistorische Spekulationen eröffnet.[10] Die bei anderen Türkvölkern bekannte Vorstellung der Reinkarnation in fliegende Insekten scheint
in Ostturkestan ebenfalls nicht verbreitet zu sein.[11] Was die Flüchtigkeit der

---

[8] Aussagen verschiedener Informanten.
[9] A. RAXMAN 1989, 340.
[10] Konzeptionen von Wiedergeburt spielen außer im Buddhismus auch im sibirischen
Schamanentum eine Rolle (K. HESSE 2001, 36).
[11] Solch ein Reinkarnationsgedanke begegnete mir am Issyk Köl (Kirgistan, Sommer
2003), wo mir ein älterer Mann erklärte, Fliegen seien die Geister Verstorbener. SEDAT
VEYIS ÖRNEK dokumentiert Vergleiche der Totengeister mit fliegenden Insekten und
Vögeln bei den Türken Anatoliens (S. V. ÖRNEK 1971, 61 f.); Parallelen zu altaischen

ärvahlar und ihre Ungebundenheit an einen Ort betrifft, schreibt man ihnen bei den Uiguren jedoch ähnliche Eigenschaften zu.

Schließlich ist an dieser Stelle der Glaube an Paradies (*ğännät*) und Hölle (*ğähännäm/dozax*) zu erwähnen. Kosmologische Vorstellungen einer Trennung von Oberwelt – allerdings nicht als Ort der Belohnung nach dem Tod und bereits von Geistern Lebender betretbar – und Unterwelt sind nicht auf die islamischen Kontexte Zentralasiens beschränkt.[12] Die Bestattungsriten der Uiguren stehen allerdings als der einzige rituelle Komplex im Totenkult, in dem die Trennung der Welten so explizit und zentral thematisiert wird, ganz im Zeichen islamischer Deutungen.

Völkern bei U. HARVA 1938, 46; 361. Schon in den Orhon-Inschriften (8. Jh.) findet sich für „sterben" der Ausdruck „wegfliegen" (*uč-*; ***uča bar-***; J.-P. ROUX 1963, 99).
[12] Zu J.-P. ROUX 1963, 105 f.; U. HARVA 1938, 361.

4 DIE *ĀRVĀHLAR* IN DER RELIGIÖSEN PRAXIS

4.1 Der Tod als ritueller Prozess

4.1.1 Die Bestattung

Bestattungszeremonien können als typisches Beispiel für „Übergangsriten" betrachtet werden.[1] In ihnen wird nicht nur für den Toten, sondern auch für die eines Mitglieds beraubte Gemeinschaft der Übergang in einen neuen Zustand rituell inszeniert. Das Ritual erfüllt demnach verschiedene Funktionen, wie GEORG PFEFFER zusammenfasst:

> „Gegen die Willkür der Natur setzt es den formalisierten, plangerechten Übergang. Er bezieht sich immer auf drei Größen: den Körper, die geistige Essenz und die Hinterbliebenen des verstorbenen Individuums. Die erste Bestattungsphase erlebt die Trennung dieser drei Phänomene, und in der prekären Schwellenphase soll ihre adäquate Positionierung erfolgen, damit sie in der dritten, auf einer höheren Abstraktionsebene vereint, den gesellschaftlichen Triumph über die als minderwertig betrachteten Naturkräfte demonstrieren können."[2]

Der „gesellschaftliche Triumph" über die Bedrohung des Todes hängt von der richtigen Ausführung der als erforderlich betrachteten Rituale ab. Schwellenphasen wie die, in der ein Toter noch nicht an die jenseitige Welt angegliedert ist, gelten nach MARY DOUGLAS allgemein als kritisch und gefahrvoll: „Danger lies in transitional states, simply because transition is neither one state nor the next, it is undefinable. The person who must pass from one to another is himself in danger and emanates danger to others."[3]

Dem Prekären wird durch die gewissenhafte Befolgung ritueller Vorschriften begegnet. Alle im Verlauf meiner Forschung Befragten hatten feste Standpunkte dazu, was bei einer Beerdigung unverzichtbar, richtig oder falsch sei. Die hauptsächlich in Gesprächen gesammelten Informationen zur Bestattung und zu den *nāzir*-Feiern, von denen im Folgenden die Rede sein wird, zeigen eine breite Ebene allgemein geteilter und nicht in Frage gestellter Meinungen. Der hier verwendete Rahmen widmet sich diesen kulturell tradier-

---

[1] A. VAN GENNEP 1909, 13 f.
[2] Zit. G. PFEFFER 1999, 49.
[3] Zit. M. DOUGLAS 1966, 96.

ten Konzeptionen und Deutungsmustern und somit bewusst mehr der normativen Ebene als etwa dem individuellen Erleben von Ritualen.

Die „Trennung" nach PFEFFER geschieht zunächst durch den biologischen Tod, doch auch dieser wird nach Möglichkeit kontrolliert und mit einem rituellen Rahmen umgeben. So versucht man durch Gebete, Koranlesungen und das Verabreichen von heilkräftigem Wasser (*demedä*) an den Sterbenden den Tod zu erleichtern.[4] Der entscheidende Moment der Trennung ist der biologische Tod, der bereits unmittelbare Konsequenzen auf der sozialen Ebene bewirkt. Mit Eintritt des Todes gilt die Ehe mit dem hinterbleibenden Partner als aufgelöst: Der Leichnam ist für diesen tabu (*namähräm*), was sich darin auswirkt, dass die Waschung nicht in seinem Beisein stattfinden darf. Diese soziale Konsequenz des Todes schafft zugleich die rechtliche Grundlage für eine eventuelle Neuverheiratung des oder der Verwitweten.[5]

Eine möglichst schnelle Durchführung der Beerdigung wird angestrebt, doch können bis zu drei Tage vergehen. Wichtiger als die im Islam empfohlene sofortige Bestattung scheint die Vollständigkeit der Trauergemeinde zu sein, die den Toten begleitet.[6] Großer Wert wird auf Beerdigung an einem angestammten Ort des Verstorbenen gelegt.[7] Stirbt eine Person in der Fremde, so können die Knochen auch zu einem späteren Zeitpunkt von Angehörigen wieder exhumiert und in der Heimat erneut bestattet werden.[8]

---

[4] Bei *demedä* handelt es sich um Wasser, das bei privaten religiösen Versammlungen (etwa einem *näzir*, vgl. Kap. 4.1.2) in einer Schale in die Mitte des Kreises der Anwesenden gestellt wird. Durch das Sprechen von Gebeten und die Rezitation von Koransuren im Raum geht eine heilkräftige Wirkung in das Wasser ein, das anschließend von den Ritualteilnehmern getrunken wird (Auskünfte von Informanten; vgl. auch A. RAXMAN 1989, 398).
[5] Vgl. A. RAXMAN/R. HÄMDULLA/Š. XUŠTAR 1996, 134; laut dieser Quelle ist der Witwer bzw. die Witwe auch später nicht dabei, wenn die nahen Verwandten vom dann in Leichentuch gehüllten Toten Abschied nehmen. Eine Neuverheiratung gilt in der Regel erst nach einer Frist von einem Jahres als statthaft, kann aber durch spezielle Ablösungsriten vom Verstorbenen auch zu einem früheren Zeitpunkt ermöglicht werden (vgl. K. H. MENGES 1976, 8-11).
[6] A. HÄBIBULLA 2000, 318 f.; in KATANOVs Aufzeichnungen findet sich ein Bericht aus Qumul (chin. „Hami") von 1892, nach dem man „in früheren Zeiten" den Leichnam erst nach drei Tagen beerdigt habe (K. H. MENGES 1976, 10 (I)).
[7] Früher scheinen auch Familiengräber üblich gewesen zu sein (A. RAXMAN/R. HÄMDULLA/Š. XUŠTAR 1996, 134), während ich von einem jungen Uiguren hörte, solch ein Konzept habe keine Bedeutung, da im Tod alle Menschen Geschwister (*qerindaš*) seien.
[8] A. RAXMAN/R. HÄMDULLA/Š. XUŠTAR 1996, 135; vgl. dagegen die sonst im Islam beachtete Unberührbarkeit der Gräber: „Graveyards may never be touched, let alone

Die Bestattung selbst orientiert sich bei allen lokalen Varianten in ihren wesentlichen Elementen an den Vorschriften des Islams. Ein korrektes Begräbnis nach islamischem Ritus im Beisein eines *molla* zu erhalten, gilt auch für Uiguren, die sich als nicht sehr religiös verstehen, als unabdingbar. Hier sollen nur einige Aspekte aus diesem Komplex herausgegriffen werden.[9]

Zum Ablauf wurde von den Befragten als erstes wichtiges Element die dreifache und vollständige Waschung genannt, die je nach Geschlecht des Verstorbenen durch einen männlichen Geistlichen (*molla/imam*) oder durch eine weibliche Person von besonderer religiöse Autorität (*büvi*) durchgeführt wird. Während ein *molla* auch die Rolle des Vorbeters in einer Moschee ausübt und damit eine offizielle Institution darstellt, ist eine *büvi* (eigtl. „Großmutter") nach Aussagen von Informantinnen eine ältere Frau, die das Vertrauen der Frauen eines Viertels (*mähällä*) genießt und von ihnen anlassgebunden um Beistand bei religiösen Angelegenheiten oder um Koranrezitationen gebeten wird. Zugleich gibt sie rituelles Wissen und die Fähigkeit, den Koran zu rezitieren, an jüngere Frauen weiter. Ihr Status ist informell und beruht auf Charisma (*xizmät ämäs, nam*).[10]

Unabhängig vom Geschlecht des Toten gilt bei den weiteren Ereignissen stets dieselbe Rollenverteilung. Die Frauen bleiben im Haus, wo sie beten, eigene Koranlesungen abhalten und ihr lautes Klagen (*hazaečiš*) fortführen, während die Männer sich mit dem *molla* im Freien versammeln, um das Bestattungsritual vorzubereiten.[11] Mit der Absicht, dem Verstorbenen dadurch den Eintritt ins *ğännät* zu erleichtern, beteuern sie laut dessen guten Charakter und bitten Gott um Barmherzigkeit mit ihm. Die Angehörigen begleichen seine materiellen Schulden, woraufhin in der Moschee das rituelle Gebet (*namaz*) für ihn verrichtet wird. Schließlich tragen die Männer den aufgebahr-

---

moved or abolished. The dead must be left there until Resurrection." (J. KNAPPERT 1989, 61).

[9] Für ausführliche Darstellungen uigurischer Beerdigungen verweise ich auf HÄBIBULLA und die auch in deutscher Übersetzung gegebenen Aufzeichnungen KATANOVs: A. HÄBIBULLA 2000, 316-24; K. H. MENGES 1976, 6-15 (I).

[10] Aussage einer Informantin. In ihrer Funktion als weibliche muslimische Autorität und Kennerin heiliger Schriften ist eine *büvi* auch mit den usbekischen *halpa/xalfa* bzw. *ātin āyi/otin* vergleichbar, zu denen verschiedene Untersuchungen vorliegen (S. KLEIN-MICHEL 2000; H. FATHI 1997; A. KRÄMER 2002). Ein männliches Äquivalent zu *büvi* wäre eher die Bezeichnung *qariy* (arab. *qāri'*); *qariy* kann zwar auch synonym zu *molla* oder *imam* verwendet werden, verweist aber im Allgemeinen lediglich auf die Fähigkeit, den Koran auf Arabisch zu lesen, sowie auf religiöse Autorität durch soziale Anerkennung.

[11] Zu den Klagegesängen (*haza qošaqliri*), die insbesondere als weiblicher Ausdruck von Trauer gelten, siehe A. HÄBIBULLA 2000, 331-4.

ten Leichnam abwechselnd zum Friedhof, was als besonders verdienstvolle Tat (*savab*) gilt, und wohnen am Grab (*qäbrä*) einer Koranlesung durch den *molla* bei.

Nach der Beerdigung, bei der man den Leichnam mit dem Kopf in nordwestliche Richtung, den Füßen nach Südosten und dem Blick nach Mekka auf die Seite bettet, wacht ein bezahlter *molla* mit den männlichen Angehörigen, die in dieser Zeit als „Weggefährten" (*hämrah*) des Toten bezeichnet werden, drei Abende am Grab und rezitiert aus dem Koran.[12] Eine Informantin erklärte die Wichtigkeit dieses Brauches damit, dass der *roh* des Toten in den ersten Tagen nicht allein gelassen werden dürfe, da er sich erst an das Grab gewöhnen müsse. Zunächst fühle er sich dort fremd und einsam und käme nur durch die Anwesenheit der *hämrahlar* (Pl. von *hämrah*) und die Lesungen des *molla* allmählich zur Ruhe. Von dieser Form der Totenwache abgesehen werde ein neues Grab aber gemieden, da die Leute sich davor fürchteten.

Eine Grabarchitektur, die mit anderen Materialien als dem überall natürlicherweise vorhandenen Lehm arbeitet, ist mir in den verschiedenen Regionen nirgends begegnet; auf eine prunkvolle Ausstattung wird wohl gemäß der muslimischen Tradition verzichtet. Eine Mauerung im Innern des Grabes räumt dem Toten Sitzhöhe ein, da dieser sich nach verbreiteter Vorstellung aufrichtet, wenn er kurz nach der Bestattung von den zwei Todesengeln Munkir und Näkir zur Befragung aufgesucht wird.[13] Nach außen weisen Grabstellen im Wesentlichen zwei Erscheinungsformen auf: Im einen Fall sind die einzelnen Gräber kaum auszumachen und höchstens durch eine leichte Bodenerhebung, einen in die Erde gesteckten langen Ast oder eine

---

[12] Diese Praxis weist regionale Varianten auf: A. RAXMAN berichtet von Gegenden (z.B. um Kašgar), in denen das Grab erst nach vierzig Tagen endgültig verschlossen wird und bis dahin täglich Koranlesungen am Grab stattfinden (ebd. 1989, 402; ebenso lautet ein Bericht aus Qomul in K. H. MENGES 1976, 12 (I)). Wenn es die finanziellen Mittel erlauben, werden auch mehrere Geistliche dafür bezahlt, über einen Tag verteilt den gesamten Koran zu lesen. Die Dauer von drei Tagen nach einem Tod entspricht dem Zeitraum, der auch bei benachbarten Völkern wie den Tuvinern von besonderen Vorsichtsmaßregeln begleitet wird, da er als gefahrvolle Übergangsphase gilt: „Ordinary people were said to stay in the neighbourhood of their graves or their homesteads only for a certain period after death and to become dangerous for their relatives during this time. They did not want to depart from their earthly existence immediately" (U. JOHANSEN 2003, 34 f.).
[13] Einige Informanten setzen den Zeitpunkt der Befragung an, sobald sieben Schaufeln Erde auf das Grab geworfen wurden, andere, wenn die Angehörigen sich sieben Schritte vom Grab entfernt haben. Zu Munkar und Nakīr in der islamischen Mythologie siehe A. J. WENSINCK 1992; zum Grabaufbau A. HÄBIBULLA 2000, 323 f.

Umzäunung erkenntlich. Diese schlichte Form wird von vielen als adäquateste betrachtet. Häufig befindet sich aber auch ein Aufsatz aus Lehmziegeln auf dem Grab, der mit einer weiteren Lehmschicht, die als eine Art Putz fungiert, abgeschlossen wird. Auf manchen Friedhöfen ist beinahe ausschließlich letztere Bauweise zu sehen, die dem Grab offenbar Dauerhaftigkeit und eine gewisse Würde verleihen soll. Einige Personen lehnten dies mir gegenüber jedoch als eine neue Erscheinung zu repräsentativen Zwecken ab und erklärten, dass der Geist solch ein Grab nicht verlassen könne (*roh čiqalmaydu*).[14]

4.1.2 Die *näzir*-Phase

Den zweiten großen rituellen Komplex nach dem Tod bilden die *näzir*-Feiern, die umfangreicher als die Bestattung durchgeführt werden und zahlreiche Aspekte des uigurischen Totenkults insgesamt beinhalten. Sie bilden gleichsam die feierliche und idealtypische Einführung des *roh* in seine neue soziale Existenz als *ärvah*.

Der Begriff *näzir* (von arab. *naḏr*, „Gelübde", „Gelöbnis", „Weihgabe") bezeichnet einerseits allgemein religiöse Zusammenkünfte aus privaten Anlässen[15] und andererseits den vierzigtägigen Zeitraum im Anschluss an einen Todesfall sowie die in dieser Phase stattfindenden einzelnen Versammlungen für den Verstorbenen. Die Zeit des *näzir* gilt als gemeinschaftlich begangene Trauerzeit (*qariliq tutuš mudditi*) und wird durch verschiedene Gebote und Tabus vom Alltag abgegrenzt: Vierzig Tage lang verzichten die trauernden Hinterbliebenen (*hazidar*) auf den Besuch von Festen, auf Unterhaltung, Geschlechtsverkehr und Haarpflege, wozu Schneiden, Rasieren, Kämmen und

---

[14] Vgl. auch A. RAXMAN/R. HÄMDULLA/Š. XUŠTAR 1996, 134: hier ist die Rede davon, dass unterschiedliche Ansichten darüber, ob es gut oder schlecht sei, wenn der Wind über dem Grab wehen kann, eine Rolle spielen („*bäzilär qäbriniŋ topisini šamal učurup tursa yaxši, däp qarisa, bäzilär buniŋ äksičä, qäbriniŋ topisi učup kätmäsliki üčün gümbäz yasap qoyidu.*")
[15] In der Regel zu Zwecken der Heilung oder als Bitte für das Gelingen eines größeren individuellen Vorhabens, z.B. einer Reise; BELLÉR-HANN berichtet auch von einer Heilerin, die in ihren Visionen im Rahmen ihrer Initiation von den Geistern dazu aufgefordert wurde, zu einem *näzir* einzuladen (I. BELLÉR-HANN 2001b, 91). In anderen Ländern wie der Türkei (siehe J. MARCUS 1992, 125-9) oder Usbekistan (A. KRÄMER 2002, 206-12) sind vergleichbare Versammlungen, wie auch in Ostturkestan, vor allem unter Frauen verbreitet. SIGRID KLEINMICHEL geht auf die unterschiedlichen Anlässe der *ma'raka* bzw. *aš* („Totengedenkfeier") im Gegensatz etwa zu den gemeinschaftlichen *mawlūd*-Lesungen in Usbekistan ein (S. KLEINMICHEL 2000, 87-91; 104).

Waschen gehören.[16] Idealerweise bleiben die Trauernden auch ihren ökonomischen Tätigkeiten fern, soweit die Umstände dies zulassen. Der Trauerndenstatus (*qariliq*) wird bei Frauen durch das Tragen eines schwarzen oder weißen Kopftuchs angezeigt, bei Männern durch eine entsprechendfarbige Stoffbinde um die Taille.[17] Abhängig vom Verwandtschaftsgrad werden gewisse Einschränkungen auch auf ein Jahr ausgedehnt; erst dann kehren die Trauernden wieder vollständig ins soziale Leben zurück.

Am dritten, siebenten und vierzigsten Tag nach dem Tod sowie an jedem Donnerstag innerhalb dieser Phase wird zu den ebenfalls als *näzir* bezeichneten Zusammenkünften mit gemeinsamem Mahl eingeladen.[18] In den ersten vier Wochen findet zusätzlich an jedem Donnerstag im kleineren Rahmen enger Angehöriger ein weiteres abendliches *näzir* statt. Diese Versammlungen der Hinterbliebenen dienen nicht nur dem gegenseitigen Trost und der Stärkung der Gemeinschaft, sondern erfüllen auch religiöse und konkret auf den Toten bezogene Funktionen. Äußere Bestandteile der Feiern sind die Zubereitung und das gemeinsame Einnehmen einer Mahlzeit sowie Koranrezitationen durch den *molla*. Entscheidend dabei ist nach Aussagen der Befragten die Anwesenheit des *roh* des Verstorbenen, der sich über die inszenierte Harmonie und Gemeinschaft der gleichwohl trauernden Angehörigen freut und dadurch ruhig und sorgenfrei wird (*hatirğäm*). RAXMAN berichtet, dass der Tote in einigen entlegenen Gebieten erst bestattet wird, nachdem zum *näzir* geladen

---

[16] Den Brauch, sich nicht zu waschen, erklärte mir eine Informantin als öffentliche Inszenierung sexueller Enthaltsamkeit, da der Islam nach dem Geschlechtsverkehr die rituelle Reinigung (*ġusli*) vorschreibt: Würde jemand während des *näzir* seinen gesamten Körper waschen, fiele er unter den Verdacht, das Tabu gebrochen zu haben.
[17] Im Norden ist schwarz als Trauerfarbe verbreiteter, im Süden weiß. Nach der Aussage eines Turfaner Informanten KATANOVs aus dem Jahr 1892 war die weiße Trauerfarbe damals eine rezente Erscheinung, die er auf chinesischen Einfluss zurückführt, was jedoch als rein persönliche Interpretation gewertet werden muss („*qiriq kün tošquča jeqin uruq tuqqalleri ilgärki zämända qara eñil käjäduyan räsmi bolγan šu gaxta hämmesi aq käjgeli bašledi, [16] Xitâjdin elip šu räsimni*"; zit. nach K. H. MENGES 1976, 14). Erwähnenswert ist in diesem Zusammenhang die etymologische Herkunft des Wortes *qariliq* von atü. *qara* für „Trauer", nicht jedoch von *qara* für „schwarz".
[18] In manchen Gegenden gibt es zusätzliche Feiern am 5. (*siparä*), 100. (*yüz künlük näziri*) oder 20. Tag (*yigirmi künlük näziri*); ferner kommt es heute wohl auch vor, dass insgesamt nur eine Versammlung abgehalten wird kommt es heute auch vor, dass nur ein *näzir* gegeben wird (A. RAXMAN/R. HÄMDULLA/Š. XUŠTAR 1996, 134). Die Gründe dafür könnten ökonomischer Natur sein oder dem urbanen Lebensstil in Urumqi und anderen Städten geschuldet sein; Druck von außen wäre ebenfalls denkbar, da größere Versammlungen – zumal religiöser Natur – das Misstrauen der Behörden auf sich ziehen. Dies sind jedoch nur persönliche Mutmaßungen.

wurde, und der Leichnam so lange im Haus bleibt.[19] In jedem Fall scheint mir die Anwesenheit des Verstorbenen beim *näzir* in den Darstellungen eine wesentliche Konstante zu sein. Der *roh* hat jedoch nicht nur Anteil am gemeinschaftsstiftenden Charakter der zelebrierten „commensality", sondern auch an der konsumierten Nahrung. Zum *näzir* werden in Öl ausgebackene Pfannkuchen (*poškal* und *quymaq*), Brot und das in ganz Zentralasien verbreitete Reisgericht *polo* zubereitet, für das eigens geschlachtet wird. Die besondere Bedeutung der Pfannkuchen und des *polo* liegt darin, dass für beides zunächst eine große Menge von Öl bzw. Hammelfett erhitzt wird. Beim Zufügen der weiteren Zutaten verbreitet dieses einen starken Duft, an dem sich der Totengeist stärken soll. JARRING zitiert ältere Quellen, nach denen in den ersten Tagen nach dem Tod ständig ein Kessel über der Feuerstelle stand, weil der *roh* des Verstorbenen kurz nach seiner Trennung vom Körper besonders der Ernährung durch die Düfte bedarf.[20] Der Vorgang, Öl für die Geister zum Duften zu bringen (*yaġ puritiš*), ist eines der zentralen Riten des Totenkults und wird auch zu anderen Anlässen durchgeführt, von denen noch die Rede sein wird.[21]

Die verschiedenen *näzir*-Feiern markieren durch spezielle rituelle Elemente je eine bestimmte Phase der Übergangszeit. Ein wichtiger Bestandteil des *näzir* am dritten Tag (*üč näzir*) ist das Verschenken der gereinigten Kleidungsstücke des Verstorbenen an die Personen, die an der Waschung des Leichnams beteiligt waren, an den *molla* oder an Bedürftige in Nachbarschaft und Verwandtschaft. Dies kann als symbolische Beendigung des diesseitigen Lebens des Toten und als Vollendung der Lösung von seinem privaten Umfeld verstanden werden, welche als weitere Trennungsriten die Bestattung ergänzen.[22] Das *näzir* am siebenten Tag (*yättä näzir*) findet in einem größeren Rahmen statt, und die gesamte Nachbarschaft (*mähällä*) wird eingeladen, wodurch der Todesfall zur gesellschaftlichen Angelegenheit wird. In der Regel werden Schafe geschlachtet, je nach ökonomischer Situation auch eine Kuh oder bei ärmeren Verhältnissen ein Huhn, und eine große Menge *polo* für die Gäste zubereitet. Mit dem *näzir* am vierzigsten Tag (*qirq näzir* oder *qirqi*) wird

---

[19] A. RAXMAN 1989, 403.
[20] G. JARRING 1979, 8 (Quellen aus den Jahren 1920 und 1934); ferner zu den rituellen Mahlzeiten bei den *näzir*-Versammlungen, ebd.: „Neighbours and friends are also invited on certain fixed days to partake of food for the sake of the deceased person.".
[21] Ausführlich zum *yaġ puritiš* siehe I. BELLÉR-HANN 2001a, 20 ff.
[22] TOKTOBJUBJU DSHUNUSCHAKUNOWA BAJALIJEWA erwähnt, dass das Verteilen der Kleidung unter den Leichenwäschern bei den Kirgisen als Erleichterung für den Toten gilt, der davor nicht ins Jenseits gelangen könne (T. D. BAJALIJEWA 2002, 57).

schließlich die gemeinschaftlich begangene Trauerphase aufgehoben und die „Trauer verabschiedet" (*qara uzitiš*). Die Gruppe der Angehörigen inszeniert ihre vollständige oder weitgehende Reintegration ins normale Leben, das nun ohne den Verstorbenen fortgeführt wird: Man nimmt sich gegenseitig die Symbole der Trauer ab, ein Barbier kommt, um den Männern Kopf und Bart zu rasieren, und die Frauen kämmen sich gegenseitig die Haare. Nahestehende Personen und Freunde schenken den Trauernden neue Kleidung oder Schmuck, was von meinen Informanten als Trost sowie als Aufforderung verstanden wurde, nun wieder Lebensfreude zum Ausdruck zu bringen. Einige tragen solche Geschenke auch zur besonderen Erinnerung an den Verstorbenen. Das *yil-näziri* oder *yili*, das der Form nach dem *yättä näzir* ähnelt und am ersten Jahrestag des Todes stattfindet, ruft den Verstorbenen schließlich ein weiteres Mal der größeren Gemeinschaft in Erinnerung. Es wird zum respektvollen Andenken an den Toten und zu seiner Ehrung begangen, spielt aber nicht die gleiche obligatorische Rolle als Übergangsritus wie die Zusammenkünfte in der vierzigtägigen Trauerzeit. Dennoch verzichten nahe Angehörige häufig bis zu diesem Tag auf die Teilnahme an Festen und Vergnügungen. Je nach Bedeutung des Verstorbenen und sozialem Status der Hinterbliebenen wird auch noch Jahre später am Jahrestag zu einem *näzir* eingeladen, was nach meinen Informationen jedoch eher selten der Fall zu sein scheint.

Im Gegensatz zum Tod, der einen Bruch im sozialen Gefüge darstellt, repräsentieren die Riten der Trauerzeit die Kontinuität der Gemeinschaft während dieser Übergangsphase. Die erste Woche nach dem Todesfall wird als Phase intensiver Solidarität beschrieben, die sich vor allem in der Unterstützung des betroffenen Haushalts durch den Einsatz der Frauen aus Nachbarschaft und Verwandtschaft äußert, die täglich warme Mahlzeiten (*issiqliq*) für die Trauernden bringen. Diese Form des Zusammenhalts spiegelt sich symbolisch auch in dem Brauch, dass eingeladene Frauen je fünf in ein Tuch geschlagene Brote (*nan*) oder auch Gaben wie Tee und Zucker zu den *näzir*-Feiern zu bringen, wobei ein Teil der Brote hinterher wieder in die einzelnen Haushalte zurückkehrt.[23]

Die Trauernden befinden sich im Anschluss an die Bestattung gemeinsam mit dem Toten gleichsam in einer Schwellenphase, welche durch die erwähn-

---

[23] Möglicherweise steht hinter der Versorgung der Trauernden mit *issiqliq* bisweilen auch die Vorstellung, dass die Speisen im Haus durch den Tod verunreinigt sind, was aus Anatolien und von den Kasachen bekannt ist: Letztere bereiten wie die Uiguren drei Tage lang kein Essen im Sterbehaus zu, da man glaubt, der Geist des Toten halte sich in diesem Zeitraum noch dort auf (S. V. ÖRNEK 1971, 91; J.-P. ROUX 1963, 101).

ten Regeln und Tabus sowie durch die *näzir*-Feiern markiert wird. Die besondere Form von Solidarität und Gemeinschaft unter den Trauernden hebt jedoch gewisse gesellschaftliche Strukturen nicht auf: beispielsweise scheint die auch sonst gültige Geschlechtertrennung gerade zur Schaffung eines rituell bedeutsamen Rahmens unentbehrlich zu sein und wird auch beim *näzir* räumlich umgesetzt.[24]

Von der Vorstellung der Präsenz des Totengeistes bei den Zusammenkünften und seiner Teilhabe an Gemeinschaft und Mahlzeiten der Hinterbliebenen war bereits die Rede. Die Verbindung zwischen dem *roh* des Verstorbenen und der Trauergemeinschaft ist während der vierzigtägigen *näzir*-Phase noch in weiterer Hinsicht von Bedeutung, und zwar insofern, als eine Art Identifikation der Überlebenden mit dem Toten stattfindet: Alle guten Taten (*savab*), aber auch Versäumnisse der Angehörigen, die in diese Periode fallen, werden nach verbreiteter Auffassung dem Verstorbenen gutgeschrieben. Die verdienstvolle Handlung eines Angehörigen im *näzir* gilt somit als selbstlos, da sie vor allem dem Toten, dessen Schicksal sich in dieser Zeit entscheidet, den Eintritt ins Paradies erleichtern soll.[25] In diesem Zusammenhang erklärt sich auch, warum die Einladung zu einem *näzir* als ungleich verpflichtender behandelt wird als etwa die zu einer Hochzeit oder Beschneidungsfeier. So wurde mir erklärt, dass Personen, die an einem *näzir* nicht teilnehmen können, stattdessen verdienstvolle Ersatzhandlungen ausführen, indem sie beispielsweise einsamen Menschen oder Waisen eine „*näzir*-Mahlzeit" (*näzir eši*) bringen.

Neben den von den Teilnehmern am *näzir* explizit intendierten Zielen, nämlich in erster Linie das Wohlergehen des Toten zu sichern und ihn zu ehren, lassen sich so unschwer auch die unmittelbar auf die Hinterbliebenen bezogenen, sozialen Funktionen der verschiedenen Praktiken erkennen. Die Erneuerung gesellschaftlicher Solidarität wurde bereits genannt. Die *näzir*-Phase kann in diesem Sinne einerseits als Vollendung der Übergangsriten für den Toten gesehen werden, zum andern stellt sie aber auch die rituelle Ausgestaltung des Übergangs der Gemeinschaft in ihre Existenz ohne den Toten dar.

Ein weiterer Aspekt ist schließlich die Erfüllung ungeschriebener sozialer Verpflichtungen für die Trauernden als Gastgeber, die ihren gesellschaftlichen

---

[24] Die *näzir*-Gemeinschaft ist daher nicht als „communitas" nach VICTOR W. TURNER zu verstehen; TURNER behandelt soziale „Antistrukturen" als charakteristische Merkmale ritueller Schwellenphasen (ebd. 1969, 106 f.).

[25] Zur Übertragbarkeit von *savab* schreibt auch EDMUND WAITE (E. WAITE 2002, 153 ff.; 159 f.).

Status und die Ehre der Familie erneuern, indem sie die Feiern in einem angemessenen Umfang ausrichten. Das für die Mahlzeit erbrachte Schlachtopfer sollte zu Ehren des Toten, zu Ehren der Gäste und im Sinne des „symbolischen Kapitals" letztlich auch im Interesse der Gastgeber großzügig ausfallen.[26]

4.2 Regelmäßige und kalendarische Riten

4.2.1 Segensformeln und *du'a*

Die Übergangsriten für Verstorbene beziehen sich auf eine Phase, in der sich das Schicksal des Toten grundlegend entscheidet. Wie gezeigt wurde, zielen insbesondere die Bestattung, aber auch zahlreiche Handlungen während der *näzir*-Zeit darauf ab, den Verstorbenen sicher in seine neue Existenz zu geleiten und ihn in Gottes Gunst zu stellen. Dieser Aspekt ist in den Riten, die nach Ablauf der Trauerzeit wiederkehrend für die *ärvahlar* ausgeführt werden, nicht mehr vorrangig: Hier wird zunehmend der Gedanke zentral, die Geister der Toten nicht dem Vergessen anheim zu stellen, sondern sie weiterhin mit dem zu bedenken, was ihnen auch zu Lebzeiten gebührte. Hierzu gehören Fürsorge aus Dankbarkeit und Pflichtgefühl gegenüber Angehörigen, sowie Ehre und Respekt speziell Älteren gegenüber, was unter dem Begriff *hürmät* eine wichtige Rolle in der uigurischen Gesellschaft spielt.[27] Nicht so sehr das göttliche Gericht im Jenseits, sondern vielmehr die Praxis sozialer und religiöser Werte unter den Lebenden rückt nun wieder in den Vordergrund.

Die *ärvahlar* empfangen in zahlreichen Alltagssituationen kleine Gesten des Gedenkens, der besonderen Fürsorge und der Ehrung. So gibt es eine Reihe von Formeln, Segenswünschen und festen Attributen für Verstorbene, die geäußert werden, wenn auf sie die Rede kommt: „der/die selige" (*märhum/märhumä*), „möge der/die Selige im Paradies liegen!" („*märhumniŋ yatqan yeri ǧännättä bolǧay!*") oder „möge sein/ihr Geist keine Bedrängnis haben!" („*märhumniŋ rohi qorunmiǧay!*").[28]

Weitere mündliche Riten begleiten für viele Menschen den Alltag. Kommt man an Gräbern vorbei, so ist dies ein Anlass, ein kurzes Gebet (*du'a*) für die dort begraben liegenden Toten zu sprechen. Hierin drückt sich eine grundsätzliche Pietätsnorm aus, welche einen auch für fremde *ärvahlar* beten lässt,

---

[26] Vgl. P. BOURDIEU 1976, 335-57.
[27] arab. *ḥurma*.
[28] A. HÄBIBULLA 2000, 395; A. RAXMAN 1996, 133.

weshalb es als gut gilt, an frequentierten Orten wie einer Straße bestattet zu werden.[29]

Eine Informantin nannte als weiteres Beispiel das *du'a*, das von vielen Uiguren nach jeder Mahlzeit gesprochen wird. Auf meine Nachfrage, ob es sich dabei nicht um ein Dankgebet an Gott handle, bestätigte sie, dass dies auch ein Aspekt sei; darüber hinaus sei das Gebet aber an die Toten gerichtet, die dadurch Anteil an der konsumierten Nahrung erhalten sollten. Ein entsprechendes Zitat bei HÄBIBULLA belegt, dass die Verwandlung des Gegessenen in Nahrung für die *ärvahlar* eine allgemein verbreitete Auffassung über die Funktion des *du'a* ist.[30]

4.2.2 Besuch und Pflege der Gräber

Im religiösen Leben der Uiguren gibt es unzählige kalendarische und persönliche Anlässe für totenkultische Handlungen. Bestimmte Riten spielen sich dabei im Haus ab und fallen tendenziell in den Bereich der Frauen, andere finden auf dem Friedhof (*qäbristan/qäbristanliq*) statt und gelten in erster Linie als Angelegenheit der Männer.[31]

Während es schwierig ist, Einblick in das zu gewinnen, was innerhalb der einzelnen Haushalte eines Dorfes geschieht, finden die rituellen Aktivitäten auf den Friedhöfen im öffentlichen Raum statt und sind leichter zu beobachten. Wie bereits erwähnt, wird ein neues Grab unmittelbar nach der Bestattung gemieden und nur von den *hämrahlar* und dem *molla* besucht, während die Angehörigen erst nach Ende des *näzir* den Friedhof aufsuchen.[32] Allgemein werden die Gräber vor allem donnerstags oder nach dem Freitagsgebet besucht. Direkt nach der Häufigkeit dieser Besuche befragt, äußerten viele, regelmäßig zu gehen, um für die *ärvahlar* zu beten (*ärvahlarġa du'a qiliš*), und eine ältere Frau, die direkt neben einem Friedhof lebte, antwortete sogar „mehrmals täglich". An diesen Äußerungen lässt sich in erster Linie ein Ideal religiösen Verhaltens und die große Bedeutung, die den Toten beigemessen wird, ablesen: Meine Wochen teilnehmender Beobachtung am Tagesablauf verschiedener Personen ergaben kein entsprechendes Bild. Allerdings scheint

---

[29] Vgl. A. RAXMAN/R. HÄMDULLA/Š. XUŠTAR 1996, 134.
[30] „[...] *tamaqtin keyin „xxxxniŋ rohiġa tägsun" däp du'a qilinidu*"; A. HÄBIBULLA 2000, 395.
[31] Das deutsche Wort Friedhof suggeriert einen abgeschirmten, umfriedeten Raum („Hof"), was ein *qäbristanliq* allerdings häufig nicht ist.
[32] Vgl. A. RAXMAN/R. HÄMDULLA/Š. XUŠTAR 1996, 134.

die Intensität des alltäglichen Totenkults ebenso wie seine Formen sehr zu variieren. Während meines zweiwöchigen Aufenthalts in einem Dorf bei Atuš auf einem an ein Gräberfeld angrenzenden Hof beobachtete ich dort nur selten einzelne Personen. Der Friedhof im Zentrum der Stadt Yarkend zeigte sich mir dagegen vor allem donnerstags und sonntags außerordentlich stark und von Menschen beider Geschlechter und aller Altersgruppen frequentiert. Ältere Ehepaare, Erwachsene mit Kindern oder auch größere Gruppen beteten an den Gräbern, rezitierten den Koran oder verzehrten in heiterer und unbekümmerter Atmosphäre ihre mitgebrachten *poškal*. Teilweise wurden auch Schalen mit Nahrung auf den Gräbern zurückgelassen.

Insgesamt scheinen Friedhofsbesuche ohne Bezug zu einem konkreten Ereignis eher selten durchgeführt zu werden. Regelmäßig dagegen werden die Gräber außer an den islamischen Feiertagen bei der Wiederkehr des Todestages besucht. Dies geschieht nach Auskunft meiner Informanten oft nur durch die Männer, die dort bei Dunkelheit mit Kerzen und Koranrezitation wachen, während die Frauen zuhause rezitieren bzw. eine *büvi* oder einen *molla* lesen lassen.

Wie bereits erwähnt, sieht man gelegentlich auf den Gräbern zurückgelassene Nahrung für die Toten. Weit verbreitet ist auch das Streuen von Getreide oder Rosinen auf die Gräber, was allerdings nicht den Toten selbst gilt: Mir wurde verschiedentlich erzählt, das Futter sei für Vögel gedacht, die sich am Grab wohl fühlen und dem *roh* Gesellschaft leisten sollten;[33] aus dem gleichen Grund werde oft auch eine Schale Wasser für die Vögel am Grab aufgestellt oder ein Maulbeerbaum gepflanzt. Generell gilt ein Baum am Grab als gutes Zeichen, und auch Asttriebe werden in die Erde am Fuß des Grabes gesteckt und bewässert; andere Informanten erklärten in den Boden gesteckte Äste als bloße Markierung zum Auffinden der Grabstelle, die ohne besondere Bedeutung sei.

Ein weiterer Aspekt der Grabpflege ist die Abwehr von *ğinlar*. Diese halten sich unter anderem gerne auf Friedhöfen auf, wo man sie durch den Rauch von Steppenraute, Wacholder und Apfelholz von den Gräbern fernzuhalten versucht.[34]

---

[33] Bei anderen Türkvölkern ist es dagegen verbreitet, den noch nicht beerdigten Toten mit Getreide zu bestreuen (vgl. E. TRYJARSKI 2001, 119 f.); möglicherweise ist der uigurische Brauch des Bestreuens von Gräbern auch mit weiteren, mir unbekannten Bedeutungen belegt.
[34] Zu *isriq seliš* vgl. Kap. 2.2.

4.2.3 Der häusliche Bereich: *yaġ puritiš*

Der Donnerstag (*päyšänbä küni*) hat als Vortag des muslimischen Feiertages nach allgemein verbreiteter Vorstellung eine besondere Bedeutung für die Geister der Verstorbenen: Wenn ein *ärvah* kräftig genug ist, unternimmt er einmal in der Woche zum Freitagsgebet die Pilgerfahrt nach Mekka (*häġ*). Die Verfassung dazu ist aber von der Fürsorge der Lebenden abhängig, die daher donnerstags früh aufstehen, Öl zum Duften bringen (*yaġ puritiš*), für die Geister *poškal* oder *quymaq* zubereiten, ihnen *du'alar* widmen und im Haus den Koran lesen (*xätmä tala qiliš*). Oft wird in uigurischen Haushalten donnerstags *polo* zubereitet, bei dessen Herstellung ebenfalls der Duft des Öls zu den Toten gelangt.[35] *Polo* und Pfannkuchen werden stets auch zufällig vorbeikommenden Gästen angeboten.

Den gesammelten Aussagen nach scheinen diese Riten tendenziell eher Frauen als Männern zugeordnet zu werden, und unter diesen wiederum sind es wohl am ehesten ältere Frauen, die sie auch tatsächlich regelmäßig ausführen. Meist gewinnt der Donnerstag erst im Zusammenhang mit einem Todesfall im eigenen Umfeld Bedeutung; so wird *yaġ puritiš* in jedem Fall an den Donnerstagen der vierzigtägigen Trauerzeit durchgeführt. Eine Frau, deren Mann zehn Jahre zuvor in jungem Alter verstorben war, erzählte mir, sie habe die Riten trotz Berufstätigkeit drei Jahre lang jeden Donnerstag für dessen *roh* ausgeführt und widme ihm nach wie vor regelmäßig Gebete (*du'a*). Ihre Schwiegereltern machten weiterhin jede Woche *yaġ puritiš*.

Yaġ puritiš kann zu jedem Zeitpunkt durchgeführt werden und ist am Donnerstag lediglich von besonderer Wichtigkeit. Es wird als allgemeine Verantwortung der Lebenden für die *ärvahlar* insgesamt oder auch als besonderes *savab* betrachtet. Aufwendige Vorbereitungen sind nicht nötig; es reicht sogar, beim alltäglichen Kochvorgang an die Toten zu denken oder die Formel „möge es zu seinem/ihrem Geist/den Geistern gelangen!" („*rohiġa/ärvahlarġa tägsun!*") aufzusagen, wenn das Öl zu duften beginnt.[36]

---

[35] BRUCE G. PRIVRATSKYs Ausführungen zur religiösen Bedeutung des Donnerstags bei den Kasachen zeigen, dass diese Vorstellungen und Praktiken weder ethnisch noch regional auf die Uiguren Ostturkestans beschränkt sind (B. G. PRIVRATSKY 2001, 128-33). Während die meisten Informanten betonten, dass die Riten am Donnerstag Morgen auszuführen seien, erklärten andere, man könne sich auch erst im Laufe des Tages oder sogar am darauf folgenden Morgen noch darum kümmern; es müsse nur früh genug sein, damit die Geister noch bis zur Stunde des Freitagsgebets ihr Ziel erreichen können.

[36] I. BELLÉR-HANN 2001a, 21.

In der Praxis sind meist die persönliche Nähe zu einem bestimmten Verstorbenen, in der Regel durch Verwandtschaft, und die zeitliche Nähe des Todeszeitpunkts Anlässe, die Riten durchzuführen. Auch können Erscheinungen eines Verstorbenen Zeichen dafür sein, dass dieser um Nahrung bittet. Träume oder bereits die unwillkürliche, vermeintlich grundlose Erinnerung an einen Toten werden oft so interpretiert, dass dessen *roh* gekommen sei, um sich ins Gedächtnis zu bringen.[37] Besonders erfreut es ihn dann, wenn im speziellen Gedenken an ihn seine Lieblingsspeise zubereitet wird.[38] Erhöhte Bedeutung wird Erscheinungen der Toten im *bara'ät*-Monat beigemessen, der unten gesondert behandelt wird. Ferner kann ein persönliches Anliegen, für das man sich Beistand und Fürsprache der Toten erhofft, ein Anlass für *yaġ puritiš* sein, oder man äußert in dieser Form bei glücklichen Ereignissen seine Dankbarkeit gegenüber den *ärvahlar*, denen immer auch ein gewisser Einfluss auf die irdischen Geschicke der Menschen zu gesprochen wird.[39] Je nach ökonomischer Lage und Wichtigkeit des Anlasses kann das betroffene Individuum in solch einem Fall auch zu einem *näzir* einladen.

4.2.4 Die Feste *roza heyt* und *qurban heyt*

Auch die beiden großen Feste des Islams, *roza heyt* zum Ende des Fastenmonats Ramadan und das „Opferfest" *qurban heyt* sind wichtige Termine im Totenkult. Ob es unter den Uiguren einmal ein eigenes, kalendarisch wiederkehrendes Fest für die Toten gegeben hat, das in späterer Zeit etwa mit diesen beiden Terminen zusammengefallen sein könnte, ist mir nicht bekannt.[40] Früh morgens werden die Gräber besucht, was als Bestandteil der Feste einen hohen Stellenwert hat. Eine in Urumqi lebende Uigurin aus dem Grenzgebiet zu Kasachstan berichtete, eigentlich sei an den Festen in erster Linie die Familie des Mannes zu besuchen, zum Missfallen ihrer Schwiegermutter fahre sie jedoch am *qurban heyt* stets in die eigene Heimat, um an den Gräbern ihrer Eltern sein zu können.

---

[37] Vgl. zu parallelen Vorstellungen in Kirgistan M. E. LOUW 2007, 6.
[38] I. BELLÉR-HANN 2001a, 20.
[39] Zum Einfluss der *ärvahlar* auf die Geschicke der Lebenden vgl. Kap. 6.2.
[40] Bei den Kirgisen gibt es neben den großen Gastmahlen zu Ehren eines Toten (die in wesentlichen Aspekten den *näzir*-Feiern der Uiguren entsprechen) eine weitere, als *ajttygy* bezeichnete Totenfeier, die zeitlich auf die beiden islamischen Feiertage fällt (T. D. BAJALIJEWA 2002, 67).

Nach dem Morgengebet in der Moschee suchen die Männer in einer langen Reihe von Festbesuchen (*pätä*) zunächst die Häuser auf, in denen es einen Todesfall gab, und wohnen dort Koranrezitationen für die Verstorbenen bei. Erst anschließend werden die eigenen Verwandten besucht. Von den Frauen werden für die Gäste *saŋza*, frittierte Teigfäden, hergestellt. Dieses beliebte Gebäck markiert mit seinem hohen Fettgehalt, der für etwas Außeralltägliches steht, einen feierlichen Anlass;[41] gleichzeitig ist auch hier der Duft des heißen Öls den Totengeistern zugedacht, die sich an den Festtagen in den Häusern ihrer Hinterbliebenen aufhalten.

4.2.5 Der Monat *bara'ät* und die *bara'ät kečisi*

Von einer Lehrerin erfuhr ich, dass die Geister der Toten im Monat *bara'ät* (entspricht dem *ša'bān*, dem 8. Monat im islamischen Kalender) besondere Zuwendung und Gebete verlangen („*namaz, du'alar täläp qilidu*"). Zwei Wochen zuvor hatte sie mir bereits erzählt, dass sie schlecht geschlafen und von ihrer Mutter geträumt habe, was sie den ganzen Tag nicht losließe. Nun habe sie in letzter Zeit immer wieder von ihren verstorbenen Eltern geträumt und sei deshalb beunruhigt. Als sie einer älteren Verwandten davon erzählte, habe diese erklärt, sie solle für die Geister ihrer Eltern *namaz* beten und *poškal* backen, da gerade *bara'ät* sei. Die Informantin, die mir gegenüber stets beteuerte, nicht viel über Religion (*din*) und die richtige Ausführung der Riten zu wissen, somit auch nichts davon an ihren Sohn weitergeben zu können und außerdem als Lehrerin sehr wenig Zeit zu haben, sah sich dadurch überfordert. Ihre Verwandte habe schließlich angeboten, selbst für die Eltern der Betroffenen zu beten und *poškal* zu backen. Die Lehrerin bekundete nun, tatsächlich nicht mehr von ihren Eltern geträumt zu haben, seit die rituellen Handlungen stellvertretend für sie durchgeführt wurden.

Die Bedeutung der 14. Nacht des Monats *ša'bān* variiert in den islamischen Traditionen, doch insgesamt spielt die Bitte um Vergebung der eigenen Sünden eine zentrale Rolle.[42] Die arabische Bezeichnung *layla-tu'l-barā'a* und die darauf zurückgehende uigurische *bara'ät*-Nacht (*bara'ät kečisi*) beziehen sich darauf: *barā'a* wird mit „Freisein", „Freiwerden"; „Lossagung"; „Unschuld", „Schuldlosigkeit" übersetzt. In weiten Teilen Asiens wie auch in Ostturkestan sind dieser Monat und insbesondere seine 14. Nacht eine Zeit

---

[41] Zur Symbolik von Speisen und Zutaten siehe Kap. 5.1.
[42] Vgl. A. J. WENSINCK 1995.

der besonderen Verantwortung und engen Reziprozität zwischen Lebenden und Toten. Bei den Uiguren erbittet man von den *ärvahlar* Beihilfe für die Minderung der eigenen Sünden durch deren Fürsprache bei Gott. Umgekehrt werden die Geister von den Lebenden mit Fürbitten und geistiger wie materieller Versorgung bedacht. In den Häusern werden für die *ärvahlar* traditionellerweise große Mengen von Pfannkuchen frittiert und Koranrezitationen abgehalten. Frauen und Männer versammeln sich getrennt, um Gebete und Fürbitten zu sprechen, und halten auf diese Weise die ganze Nacht „Wache" (*tünäk*).[43]

Nach Informationen von Einheimischen ist das Feiern der *bara'ät kečisi* heute seitens der Regierung verboten. Auf die früher übliche Nachtwache an den Gräbern scheint unter diesen Umständen weitgehend verzichtet zu werden, und die Feiern haben sich durch die Restriktionen stark auf den häuslichen Bereich reduziert. Es sind heute vor allem Frauen, die zu privaten und geheimen Koranlesungen einladen, doch nach Angaben von Informanten aus Südxinjiang, wo die Nacht nach wie vor allgemein gefeiert werde, sind auch Polizeikontrollen in Privathäusern keine Seltenheit.[44] In Urumqi, wo ich mich während meines Aufenthalts zum Zeitpunkt der *bara'ät kečisi* befand, fanden in meinem engeren Bekanntenkreis keine Versammlungen statt. Die aus Nordxinjiang stammende Lehrerin etwa, die von den Träumen über ihre Eltern berichtet hatte, hat laut eigenen Angaben noch nie an solch einer Feier teilgenommen. Ihre Nachbarin, die zu diesem Anlass stets einen *molla*, Freunde und Nachbarn einlädt, habe auch sie mehrmals zur Teilnahme aufgefordert, was sie aber mit der Begründung ablehnt, sie kenne sich mit Religion nicht aus und könne nicht einmal *namaz* beten. Ein anderer Grund für ihre Zurückhaltung könnte Vorsicht sein.

---

[43] Auskünfte einiger Studenten.
[44] Vgl. I. BELLÉR-HANN 2001a, 19 f. Bis in die vierziger Jahre des letzten Jhs. hinein war es laut HÄBIBULLA auch üblich, dass die jungen Leute schlachteten, an einem *tuġ* (siehe Kap. 2.2) ein Feuer entzündeten und bei Liedern und traditionellem Tanz (*usul*) feierten. Singend zogen sie durch die Nachbarschaft, wobei sie sich mit den in den Häusern gebackenen *poškal* und *quymaq* beschenken ließen (A. HÄBIBULLA 2000, 343 ff.). In dieser Quelle wird weder begründet, warum sich der Charakter der Feiern seit den vierziger Jahren änderte, noch werden diesbezügliche politische Spannungen angedeutet; dass der Autor insgesamt bemüht scheint, die heutigen Feiern als volkstümliches Überbleibsel von marginaler Bedeutung darzustellen, ist wohl auf die Brisanz des Themas zurückzuführen („*hazir az sandiki täqvadar kišilärmu bu küni öz öyluridä yaġ purutuš bilän kupayilinip tünimäydiġan bolup qaldi*"; 345).

5 Soziale und rituelle Differenzierungen

5.1 Alltagskultur und Genderstrukturen

In unterschiedlichen Formen spielt im uigurischen Totenkult Nahrung eine Rolle. Angesichts der großen Bedeutung und der allgemeinen Wertschätzung, die dem Essen in der uigurischen Alltagskultur zukommt, lässt sich das Anliegen verstehen, auch die Verstorbenen an diesem wichtigen Aspekt sozialen und familiären Lebens weiter teilhaben zu lassen. Informanten unterstrichen mir gegenüber des Öfteren die „uigurische" Achtung vor Lebensmitteln und missbilligten die Verschwendung (*israpčiliq*) von Nahrung. Der in Urumqi vor allem bei Hochzeiten Einzug haltende Brauch, nicht zu bewältigende Mengen von Speisen servieren zu lassen, wurde von vielen als schlechte Entwicklung und negativer Einfluss der Chinesen betrachtet; selbst ein auf die Straße gefallenes Stück Brot werde bei Uiguren respektvoll an den Rand gelegt, um nicht von Passanten zertreten zu werden. Auch die traditionelle Medizin misst der Ernährung besondere Bedeutung bei, indem sie nach „warmen" (*issiq*) und „kalten" (*soġuq*) Nahrungsmitteln unterscheidet, von deren richtiger Kombination das Wohlergehen des menschlichen Organismus und des individuellen Temperaments (*miġäz*) abhängig sei.[1]

Die eigene Küche wird von Uiguren als konstituierender Bestandteil der nationalen Identität gesehen und zur Differenzierung gegenüber den anderen Ethnien Xinjiangs, aber auch gegenüber Bewohnern anderer Oasen herangezogen. In Gegenden mit einem hohen Anteil von Han-Chinesen spielt vor allem die Abgrenzung von diesen eine wichtige Rolle.[2] Die muslimische Wahrnehmung han-chinesischen Essens als „unrein" unterstreicht die latente Feindseligkeit und wird von Uiguren explizit als Grund für die soziale Trennung genannt.[3] Während so nach außen Grenzen konstruiert werden, wird gleich-

---

[1] Zur Verwendung von Nahrung in der traditionellen Heilkunst siehe A. HÄBIBULLA 2000, 554-7. Das Konzept von „warm" und „kalt" ist in weiten Teilen Asiens bekannt, vgl. etwa zur Konstruktion ethnischer Stereotypen auf Grundlage dieser Unterscheidung in Iran C. BROMBERGER 1994.
[2] Ein verbreitetes Stereotyp unter den Uiguren besagt, die Han-Chinesen seien aufgrund ihrer weichen Gemüsekost schwach, unmännlich und hässlich (*sät*); zudem äßen sie Schweinefleisch, was den Charakter verderbe. Diejenigen allerdings, die seit langem in Xinjiang leben und auf uigurische Kost umgestiegen seien, seien kräftig und gutaussehend geworden.
[3] M. C. CESÀRO 2000 passim.

zeitig Gruppenzugehörigkeit geschaffen, die sich in geteilten Speisegewohnheiten materialisiert. Alle Feierlichkeiten und Zeremonien der Uiguren haben einen obligatorischen kulinarischen Rahmen, und nicht zuletzt steht bei den zwei großen muslimischen Festen, dem Opferfest und dem Ende des Ramadans, das Essen im Mittelpunkt.

Schließlich ist die „Gastfreundschaft" (*mehmandostluq*) zu erwähnen, die als „uigurischer" Wert gilt und als Teil der kulturellen Identität beansprucht wird: Auch sie äußert sich in erster Linie auf kulinarischer Ebene, nämlich im Versorgen des Gastes mit Obst, Nüssen, kleinem Gebäck und schließlich einer oftmals extra zubereiteten Mahlzeit. Als entscheidend gilt, dass die Bewirtung innerhalb der gegebenen ökonomischen Verhältnisse großzügig ausfällt. Beim Besuch eines Haushalts auf dem Land war für mich stets auch die Begehung des Obst- und Gemüsegartens (*baġ*) mit dem Hausherrn obligatorisch, wobei ich von allen reifen Sorten einige der schönsten Exemplare zu kosten bekam, während die Frauen sofort mit dem Zubereiten einer Mahlzeit begannen. Als Fremde wurde ich unablässig gefragt, ob mir das uigurische Essen gefalle, und man bemühte sich, mich sämtliche Spezialitäten probieren zu lassen. Die Aufmerksamkeit einem Gast gegenüber, die sich in der Versorgung mit Essen äußert, ist eine kulturelle Sprache, die im Alltag genau beobachtet, interpretiert und bewertet wird. Entsprechend würde es als Nichtachtung und Respektlosigkeit empfinden, die Verstorbenen dabei regelmäßig zu übergehen und sie nicht wenigstens durch ein *du'a* am Ende der Mahlzeit teilhaben zu lassen.

Im Folgenden soll nur in selektiver und verallgemeinernder Form auf einige Grundmuster der Genderkonstruktionen bei den Uiguren hingewiesen werden. Eine umfassendere Analyse könnte sich nicht darin erschöpfen, standardisierte Dichotomien, die im Laufe der Genderforschung in verschiedenen kulturellen Kontexten ausgemacht wurden, auch hier gleichsam als Universalien anzuwenden und das Gendersystem darauf zu reduzieren. Wenn daher im Folgenden einige dieser klassischen Zuordnungen aufgezeigt werden, erhebt dies als rein deskriptive Herangehensweise keinen weiteren theoretischen Anspruch.

Die Essensdomäne ist als grundlegender Bestandteil der materiellen Kultur auch ein Schlüssel zum allgemeinen gesellschaftlichen Kontext. An ihr lassen sich prägnante soziale Beziehungen und Zuschreibungen oftmals leicht decodieren. Mit den Worten von DOUGLAS: „[...] les aliments servent dans une large mesure à catégoriser les situations et les status sociaux; il faut donc relever les conceptions locales".[4] Besorgung, Verarbeitung und Konsum von Essen sind bei den Uiguren als zentrale Alltagspraktiken auch Projektionsflächen der ebenfalls zentralen Genderstrukturen. Die Nahrungszubereitung in der Familie und das Bereitstellen von Essen zur Bewirtung von Gästen sind im Wesentlichen den Frauen zugeordnet, denen damit die Hauptverantwortung für einen Angelpunkt des sozialen Lebens zufällt. In den Häusern, in denen ich während meines Forschungsaufenthalts zu Gast war, wurde das Essen in der Regel von den jungen unverheirateten Töchtern des Haushalts oder den Schwiegertöchtern gekocht.

Strikte Arbeitsteilung kann zu besonderem Prestige der separierten Domänen führen.[5] Wenn Nahrungszubereitung bei den Uiguren allerdings gelegentlich auch von Männern übernommen wird, relativiert dies nicht etwa das allgemein mit der Kochkunst verbundene Prestige, sondern steigert vielmehr die Bedeutung des jeweiligen Kontextes: Situationen, in denen von Männern gekocht wird, zeigen eine gewisse Außeralltäglichkeit. Kocht eine Frau, so ist dies die Erfüllung einer ihrer Hauptfunktionen in der Arbeitsteilung des Haushalts; bereitet ein Mann das Essen zu, so ist dies oft eine bedeutungsvolle Geste, beispielsweise mit der Funktion, einen Gast besonders zu ehren.

Ein preiswertes und schnell zubereitetes Standardgericht, das in der Regel mehrmals wöchentlich gegessen wird, ist *läġmän*: Es besteht aus handgemachten Nudeln, über die mit kleinen Fleischstücken oder mit Ei gebratenes Gemüse gegeben wird und ist ein mit Alltäglichkeit und Familie assoziiertes Essen. Während *läġmän* zu den Gerichten gehört, deren Zubereitung durch Männer ich ausschließlich im Restaurant beobachtet habe, wird *polo*, ein Reisgericht mit Mohrrüben, Zwiebeln und großen Stücken von Hammelfleisch, das in reichlich Fett gebraten wird und besonderes Prestige genießt, typischerweise mit männlicher Arbeit assoziiert. Auch ist die Meinung verbreitet, von Männern gekochtes *polo* sei besonders gut. *Polo* wird oft zu herausgehobenen Anlässen wie der Ankunft eines Gastes zubereitet, aber auch zu allen großen Festen wie Hochzeiten (*qiz-yigit toy*), Beschneidungsfeiern (*sünnät/ xätnä toy*) und *näzir*-Feiern. Die Zubereitung durch Männer wird zwar auch mit den großen Mengen begründet, die dann in riesigen Kesseln zu bewältigen sind, doch entscheidend für die kulturelle Bedeutung von *polo* ist sein besonderer Platz in feierlichen Kontexten und die reichliche Verwendung von Fett und Fleisch, das für ein Fest frisch geschlachtet wird. Fleisch ist einerseits

---

[4] Zit. M. DOUGLAS 1979, 160.
[5] Zit. T. DRAGADZE 1981, 165.

der wertvollste Teil einer Mahlzeit, andererseits ein von Männern kontrolliertes und mit männlicher Arbeit assoziiertes Lebensmittel.[6] Fett und Öl gelten insgesamt als wertvoll und ihre reichliche Verwendung vor allem dann, wenn für Gäste gekocht wird, soll Großzügigkeit ausdrücken.[7] Aus diesen Zusammenhängen ergibt sich eine Verbindung von besonders prestigeträchtigem Essen, öffentlich-repräsentativen Anlässen und Männlichkeit einerseits und von alltäglichem, wenngleich nicht weniger gutem Essen, Privatsphäre und Weiblichkeit andererseits, wobei sich Symbolik und soziale Realität in den entsprechenden Situationen gegenseitig reproduzieren.[8]

Parallele Zuordnungen treten auch in anderen Bereichen auf: Die Zuständigkeit für den Haushalt und die Versorgung seiner Mitglieder auf der Ebene konkreter, alltäglicher Arbeiten im Haus liegt bei den Frauen, während die Tätigkeiten und Verantwortlichkeiten außerhalb des Haushaltes, die das Einkommen und die Existenzgrundlage der Familie sichern, auch dann, wenn Frauen in der Praxis erheblich daran beteiligt sind, als Leistungen der Männer gewertet werden.[9] Hierin drückt sich eine ideale Rollenverteilung nach den Kriterien einer weiblichen häuslichen und einer männlichen öffentlichen Sphäre aus, welche die männlichen und weiblichen Tätigkeiten zugunsten des Mannes hierarchisiert und die Sphäre der Frau auf einen von der männlichen Sphäre räumlich umschlossenen Bereich beschränkt. Die Abwertung oder das Herunterspielen der Bedeutung von Frauen an Angelpunkten des sozialen und ökonomischen Lebens lässt sich gut an formalisierten Kontexten aufzeigen, in denen sich die normativen Muster auch in der Praxis durchsetzen: Bei offiziellen Anlässen wie kalendarischen Festen oder Lebenszyklusriten ist besonders die Teilnahme der Männer, die als Familienoberhäupter ihren Haushalt repräsentieren, von entscheidendem Gewicht. Deutlich wird dies etwa bei der Hochzeit, wo der eigentliche Akt der Trauung durch den *molla* allein unter Anwesenheit der Männer vollzogen wird.

Laut SHERRY B. ORTNER/HARRIET WHITEHEAD haben die „Prestigestrukturen" einer Gesellschaft, d.h. die Prinzipien, nach denen namentlich die Männer soziales Ansehen erlangen, wesentlichen Einfluss auf die entsprechenden Genderkonstruktionen: „More specifically, we find that the cultural

---

[6] Fleisch ist ein männliches Statussymbol, da der Viehbesitz das Kapital eines ländlichen Haushalts repräsentiert; Schlachten ist ferner eine ausschließlich männliche Tätigkeit.
[7] Erläuterung einer Informantin.
[8] Interessanterweise erzählte eine Informantin mir von einem angeblich verbreiteten Stereotyp, nach dem *polo* ein sehr beliebtes Gericht bei Frauen sei, während Männer am liebsten täglich *lägmän* äßen.
[9] I. BELLÉR-HANN 1998, 108 f.

construction of sex and gender tends everywhere to be stamped by the prestige considerations of socially dominant *male* actors."[10] In der uigurischen Gesellschaft hängen das Ansehen des männlichen Haushaltsvorstandes und sein Status als sozialer Akteur wesentlich von den Frauen seiner Familie ab, deren öffentlicher Repräsentant er ist. Dies bezieht sich zum einen auf Fragen der Sittlichkeit, woraus eine tendenziell misstrauische Haltung des Ehemannes sowie die Vorstellung resultieren, „seine" Frauen kontrollieren zu müssen, da sie seinen Rang und sein öffentliches Prestige gefährden könnten. Die Beschränkung weiblicher Aktivitäten auf einen engen räumlichen und sozialen Radius soll die Einhaltung eines Kodex der Geschlechterbeziehungen durch die Frauen des Haushaltes gewährleisten.[11] Zum andern ist der Besitz einer Ehefrau für den Mann praktisch und ökonomisch bei der Produktion und Reproduktion des Haushaltes und damit auch wieder für seinen sozialen Status unentbehrlich.[12]

Die Handlungsspielräume und Formen von Macht, die Frauen aus solch einer Abhängigkeitskonstellation potentiell erwachsen, schlagen sich in negativen, von der männlichen Sicht dominierten Konnotationen von Weiblichkeit und im Herunterspielen der Bedeutung von Frauen nieder; BELLÉR-HANN spricht in solch einem Zusammenhang vom generellen „devaluing of women's work".[13] Auch und möglicherweise gerade dort, wo die Beschränkung von Frauen auf den privaten Bereich nicht vollständig eingehalten werden kann, was in der Praxis allein aufgrund ökonomischer Zwänge sehr häufig der Fall ist, wird der Idealzustand auf anderen, etwa sprachlichen oder symbolischen Ebenen, ausgedrückt.

---

[10] Zit. S. B. ORTNER/H. WHITEHEAD 1981, 12; Gendersysteme bilden dabei selbst Prestigestrukturen: „In every known society, men and women compose two differentially valued terms of a value set, men being as *men*, higher"; Zit. ebd., 16. Bei den Uiguren manifestiert sich der sekundäre Status von Frauen auf grundlegendster sozialer Ebene im Heirats- und Verwandtschaftssystem (vgl. Kap. 1.3).
[11] I. BELLÉR-HANN 1998, 96; 99; dies. 1999, 131 f. Zur Unterscheidung von erlaubtem (*mähräm*) und tabuisiertem (*namähräm*) Umgang der Geschlechter untereinander je nach Verwandtschaftsgrad am Beispiel Iran vgl. J. KHATIB-CHAHIDI 1981; das dort ausführlich dargestellte System entspricht im Wesentlichen dem uigurischen.
[12] IANTHE MACLAGAN (1994) zeigt in einem ähnlichen Genderkontext im Jemen, wie wesentlich die Rolle eines Mannes als sozialer Akteur von der Verwaltung der Nahrungsdomäne durch seine Ehefrau abhängt und wie leicht diese durch Verweigerung seine öffentliche Ehre gefährden kann.
[13] I. BELLÉR-HANN 1998, 103; zur negativen Konnotation von Weiblichkeit bei hoher männlicher Abhängigkeit von Frauen im Prestigesystem siehe S. B. ORTNER/H. WHITEHEAD 1981, 20.

Auch wenn die repräsentativen Befugnisse von Frauen gering sind, so haben doch etwa die Feste innerhalb der Geschlechtergruppen, die in verschiedenen Räumen versammelt sind und die Mahlzeiten getrennt voneinander einnehmen, gleichermaßen Bedeutung als soziale Ereignisse. Beide Geschlechter bringen den Gastgebern Gaben – Männer in Form von Geld, Frauen in Form von Brot, Gerichten oder Stoffen, von denen die Gastgeberin einen Großteil bei den nächsten Festen, zu denen sie eingeladen wird, wieder weitergibt. In dieser Form des Tausches wird im Rhythmus der Feste die Beständigkeit sozialer Beziehungen inszeniert, wobei die Netzwerke der Frauen für einen Haushalt in keiner Weise von weniger grundlegender Bedeutung sind als die der Männer.[14]

Der Austausch von Nahrung begründet Allianzen auf einer sehr grundlegenden existentiellen Ebene. Brot ist ein Produkt ausschließlich weiblicher Arbeit, wie auch die tägliche Zubereitung von Teig für zahlreiche traditionelle Gerichte insgesamt Angelegenheit der Frauen ist. Brot ist im Alltag ein häufiges Objekt des Tauschens und Teilens; zumal auf dem Land, wo die Frauen den Haushalt selbst mit Brot versorgen und etwa alle zehn Tage neu backen müssen, bedeutet der Austausch unter Nachbarinnen eine ganz praktische Erleichterung und zugleich eine Bestätigung der gegenseitigen Solidarität. Brot ist ein schlichtes Grundnahrungsmittel, das zu jeder Mahlzeit konsumiert wird. Als Lebensgrundlage und alltägliches häusliches Produkt scheint es zugleich von einer gewissen Symbolik zu sein, die im Zusammenhang mit Haushalt und Fruchtbarkeit steht. Ein traditioneller Bestandteil von Hochzeitsfeiern ist der gemeinsame rituelle Verzehr von Brot durch die frisch Vermählten.[15] Auch ist es beliebt, selbstgebackenes Brot und damit gleichsam einen Anteil am häuslichen Leben an Familienmitglieder in der Ferne zu schicken. Ebenso wie die Assoziation von Männern mit Fleisch und *polo* transportiert damit auch die Zuordnung von Frauen zu Teig und Brot bestimmte kulturelle Repräsentationen.[16]

---

[14] Hier ist an die besondere Bedeutung einheiratender Frauen zu erinnern, die unter anderem die Allianzmöglichkeiten des Haushalts um ihre eigenen Verwandtschaftsbeziehungen wesentlich erweitern.
[15] Zur Symbolik von Brot und zum gemeinsamen Verzehr von Brot durch die neu vermählten Eheleute als rituellem Bestandteil von Hochzeiten siehe A. HÄBIBULLA 2000, 262.
[16] Diese Tendenz ist sowohl in Darstellungen von Einheimischen als auch in der tatsächlichen Arbeitsteilung zu beobachten: In Imbissstuben und Restaurants bereiten i.d.R. Frauen die Grundkomponenten wie Nudeln zu, während Männer für Fleisch und Würzung zuständig sind.

5.2 Hierarchisierungen religiöser Praxis

Religiöse Praxis ist nicht unabhängig von gesellschaftlichen Prestige-Strukturen nach ORTNER/WHITEHEAD zu verstehen, und es zeigt sich „that [...] there are no larger-than-gender prestige structures that are not in fact partially ‚genderized'".[17] Soziale Ordnungsmuster prägen alle kulturelle Bereiche, besitzen aber in ritualisierten Sphären oft eine besondere Normativität.

Kulte an Heiligengräbern sind in Ostturkestan in hohem Maße weibliche Angelegenheiten. Viele Gräber werden vornehmlich oder ausschließlich von Frauen besucht und bilden so deren eigene religiöse Bereiche.[18] In ihrer Gesamtheit sind die *mazar*-Kulte jedoch beiden Geschlechtern zugänglich, was zu interessanten Differenzierungen führt: Als ich eine uigurische Wissenschaftlerin nach den Unterschieden der Riten von Männern und Frauen an den Heiligtümern fragte, erklärte sie, bei den Männern handle es sich um „wichtige" (*muhim*), die Allgemeinheit betreffende Angelegenheiten wie die Bitte um Regen oder eine gute Ernte, bei Frauen dagegen um kleinere, „persönliche" (*šäxsi*) Angelegenheiten wie etwa um einen Kinderwunsch. Riten für die *ävliyalar* beinhalten häufig auch die Zubereitung von Speisen, die anschließend gemeinschaftlich am Heiligtum verzehrt werden. Frauen backen dabei nach Angaben derselben Informantin meist Mehlprodukte in Fett aus oder opfern auf entsprechenden Rat eines Spezialisten auch ein Huhn. Männer dagegen schlachten für ihre Anliegen Schafe und bereiten einen Fleischeintopf oder *polo* zu, was hinterher gemeinschaftlich verzehrt und weiterverteilt wird.[19] Zwischen der Gewichtung der jeweiligen rituellen Motive, dem Geschlecht der Teilnehmer am Ritual und den genderspezifischen Zugängen zu unterschiedlich wertvollen Nahrungsmitteln besteht hier ein offenkundiger Zusammenhang, wobei auch die Gegenüberstellung einer öffentlich-politischen, den Männern zugeteilten und einer häuslich-privaten, den Frauen zugeteilten Agitationssphäre in der zitierten Aussage deutlich wird.[20] Dieser Gegensatz entspricht einerseits dem Ideal des Sittenkodexes, assoziiert Frauen jedoch andererseits implizit mit eigennützigem Handeln.

---

[17] Zit. S. B. ORTNER/H. WHITEHEAD 1981, 18.
[18] R. DAVUT 2001, 37-42 u.a.; G. JARRING 1979, 16; T. ZARCONE 2001, 155 f.
[19] Zu Opferriten am Grab eines Khoja als Bitte für gute Ernte siehe auch DU SHAOYUAN 1995, 52.
[20] Diese Dichotomie wurde von MICHELLE Z. ROSALDO zurückgehend auf CLAUDE LÉVI-STRAUSS als universales Grundmuster von Genderbeziehungen behandelt (dies. 1974).

Genderbezogene Varianten der zitierten Zuordnung von *muhim* und *šäxsi* sind verbreitete kulturelle Muster und stehen jeweils mit den normativen Rollenverteilungen in einem sich wechselseitig bestätigenden Verhältnis:

> „Women are seen as tending toward more involvement with (often divisive) private and particularistic concerns, benefiting themselves, and perhaps their children, without regard for larger social consequences, whereas men are seen as having a more universalistic orientation, as being concerned with the welfare of the social whole."[21]

Insgesamt gelten die Kulte an Heiligengräbern eher als weibliche Sphäre. Der Besuch eines *mazar* ist keine vorgeschriebene religiöse Pflicht, die regelmäßig erfüllt werden muss, sondern in der Regel an ein spezielles Anliegen gebunden, das meistens nicht über den Rahmen der engeren Verwandtschaft hinausgeht. Der religiöse Raum der Männer ist dagegen in erster Linie die Moschee, die von Frauen so gut wie überhaupt nicht besucht wird.[22] Das Freitagsgebet ist dem Ideal nach eine Versammlung aller männlichen Erwachsenen aus der *mähällä* und somit auch die Inszenierung einer rechtgläubigen Gemeinschaft von Glaubensbrüdern, die gemeinsame Werte teilt. Wie ich von Männern auf dem Land erfuhr, erfüllt das Freitagsgebet auch praktische Funktionen der Koordination des Zusammenlebens, indem dort die Allgemeinheit betreffende Verpflichtungen wie die Instandhaltung der Bewässerungsgräben geregelt werden. Zu Wohlstand gelangte Kaufleute, oftmals heimgekehrte Mekkapilger, verschaffen sich größtes Prestige, wenn sie von ihrem Geld eine neue Moschee für die *mähällä* bauen oder eine ältere aufwendig instand setzen lassen.

Selbstverständlich erfüllen auch die Riten der Frauen soziale Funktionen. Wie bereits erwähnt, sind Frauen in vieler Hinsicht für die Grundlagen des gesellschaftlichen Lebens der Familie und ihre Netzwerke zuständig. Die persönliche Solidarität untereinander erneuern sie unter anderem auch in der gemeinsamen Religionsausübung, in der alltägliche Beziehungen um eine rituelle Dimension erweitert werden. Frauen laden zu ihren privaten *näzir*-Feiern neben einem *molla* oder einer *büvi* Freundinnen und ein und geben die

---

[21] Zit. S. B. ORTNER/H. WHITEHEAD 1981, 7; zur Entwicklung dieser These anhand eines ethnographischen Beispiels aus dem Hochland Papua-Neuguineas siehe M. STRATHERN 1981.
[22] In Atuš erfuhr ich, dass zu besonderen Anlässen wie am Vorabend des Ramadan auch manche Frauen zum Beten in die Moschee gingen, doch galt dies als seltene Ausnahme; so hieß es in den meisten Fällen, Frauen gingen überhaupt nicht in die Moschee. Über Heiligengräber als Ausweichmöglichkeit für religiöse Bedürfnisse muslimischer Frauen schreibt E. FRIEDL 1980, 164 f.

rituell gebackenen Pfannkuchen an Nachbarn weiter.[23] Die oben zitierte Klassifizierung des Kinderwunsches als „persönliches" Anliegen (*šäxsi*) ist zumal in patrilinearen Gesellschaften wie der uigurischen bemerkenswert, denn hier ist das Hervorbringen von Nachkommenschaft die wesentliche Funktion, welche eine Frau für das durch Männer repräsentierte gesellschaftliche System erfüllt: Reproduktion von Familie und Haushalt sind geradezu die Grunderwartungen des Ehemannes und seiner Familie an die einheiratende Frau.[24] Viele der typisch „weiblichen" Anliegen in Heiligenkulten sind somit nicht nur gesellschaftskonform, sondern eindeutig im sozialen Interesse: sie betreffen die Gesellschaft an ihrer Basis, werden aber dennoch abgewertet. Die Unterscheidung zwischen der häuslichen Domäne einerseits und der öffentlich-politischen andererseits ist nicht rein dichotom, sondern vielmehr hierarchisch, wobei Männer als soziale Akteure höher gewertet werden: „[...] The sphere of social activity predominantly associated with males encompasses the sphere predominantly associated with females and is, for that reason, culturally accorded higher value."[25]

Die Genderzuordnungen auf religiösem Gebiet verlaufen teilweise parallel zu einer hierarchisierenden Bewertung von zentralen islamischen Riten und dem Umgang mit Geistern. IOAN M. LEWIS zeigt, dass marginale Kulte in vielen Gesellschaften vorrangig von Personen mit niedrigem Status und daher typischerweise von Frauen getragen werden, die gleichsam eine periphere kulturelle Nische besetzen und den dort vorhandenen Freiraum nutzen. Die soziale Zusammensetzung eines Kults zeigt somit auch dessen Bewertung durch die gesellschaftliche Ideologie an.[26]

Unabhängig vom Geschlecht genießen bei den Uiguren die traditionellen Heiler und Schamanen (*daxan/baxši/perixon*), Wahrsager (*palči/qumilaqči*) und

---

[23] Zu religiösen Zusammenkünften als zentralen sozialen Aktivitäten von Frauen in einer muslimischen Gesellschaft vgl. auch A. H. BETTERIDGE 1980 über die städtischen Milieus in Iran.
[24] Zu Verwandschaftssystem und Heiratsregeln siehe Kap. 1.3.
[25] Zit. S. B. ORTNER/H. WHITEHEAD 1981, 8 f.; zur widersprüchlichen Nachrangigkeit bei gleichzeitiger sozialer Bedeutung und Legitimität von weiblicher religiöser Praxis vgl. auch C. A. WILCKE im Zusammenhang von traditionellem Heilen in Usbekistan (ebd. 2004, 341-4; 348-52).
[26] „[...] marginal cults appeal to subordinates, and especially women; while those cults which stand at the centre of society and celebrate public morality generally draw their inspired leaders from more exalted strata." Zit. I. M. LEWIS 1971, 144; vgl. zum peripheren, mit gesellschaftlicher Subversion assoziierten und weiblich dominierten Schamanentum in Ost-Buryatien R. HAMAYON 1994, 85 ff. und zur „Feminisierung" religiöser Therapieformen im sowjetischen Usbekistan K. KEHL-BODROGI 2005, 4.

Zauberer (*ğadugär/sehirči*) zwar kein hohes Ansehen, doch werden ihre Fähigkeiten kaum grundsätzlich in Frage gestellt und in der Praxis viel in Anspruch genommen. Verschiedene Personen erklärten mir, fast alle Leute suchten in bestimmten Situationen Rat und Hilfe bei ihnen, auch wenn viele nicht offen darüber sprächen.[27] Das niedrige Prestige der entsprechenden Tätigkeiten rührt wohl zum einen daher, dass das persönliche Anliegen eines Klienten im Mittelpunkt steht und andere Personen zu diesem Zweck ohne ihr Wissen manipuliert werden könnten; zum andern bedienen sich die Praktiken des Kontaktes mit „peripheren" Geistern, welcher der islamischen Norm widerspricht.[28] Durch Elemente wie Koranrezitationen werden die entsprechenden Handlungskomplexe jedoch in gewissem Maße unantastbar und genießen einen Status, dessen Ambiguität sich in der Haltung der islamischen Autoritäten widerspiegelt:

> „Bien que les mollahs (*akhon*) ne voient pas d'un très bon œil les activités des *pirkhon*, ils n'interdisent pas les séances. En fait, tout le monde se plaît à croire en leur caractère rigoureusement islamique, garanti à leurs yeux par les incantations du *pirkhon* qui font maintes fois appel au nom d'Allah."[29]

Unter dem oberflächlichen Konsens, dass es sich vor allem um notwendige Therapien handelt, gibt es eine de facto etablierte „Sub-Religion", die auf der Prämisse des allgemein geteilten Glaubens an die Macht von Geistern beruht.

Innerhalb der Gruppe der religiösen Dienstleistenden werden durchaus weitere Binnendifferenzierungen konstruiert: WANG berichtet von männlichen Heilern, die Wert darauf legen, *molla* und nicht *ğadugär* zu sein, da nur die Techniken der ersteren islamkonform seien und mit guter Absicht angewandt würden.[30] Offensichtlich geht es hier zum großen Teil um Zuschreibungen und sozialen Status. Die reinen Spezialisten, die nicht zugleich als *molla* fungieren, sind in jeder Hinsicht marginalisiert: Ihre Funktionen im religiösen System beschränken sich auf anlassgebundene Dienste auf Anfrage von

---

[27] U.a. erzählte mir DILMURAT OMAR, das Aufsuchen von Schamanen sei auch unter sich als orthodox verstehenden Muslimen bei privaten Problemen weit verbreiteter, als zugegeben werde. WAITE machte dieselbe Beobachtung (E. WAITE 2002, 199).
[28] I. M. LEWIS bezeichnet Geister, die in keinem Zusammenhang mit der Aufrechterhaltung gesellschaftlicher Moral stehen und deren Handeln als unberechenbar gilt, als „peripheral spirits"; sie sind im zentralen Kult – hier: dem „orthodoxen" Islam – nicht Gegenstand ritueller Handlungen (ebd. 1971, 31 f.; 71 f.).
[29] Zit. DU SHAOYUAN 1995, 47; vgl. auch I. M. LEWIS 1971, 89-92.
[30] J. WANG 2004, 207-25. Vgl. auch zur Selbstdarstellung von Heilern in Usbekistan J. RASANAYAGAM 2006a, 381 ff.

Privatpersonen, während für die zentralen religiösen Riten im Leben von Individuum und Gesellschaft stets ein *molla* zuständig ist. Nicht nur durch Repressionen der Regierung, sondern auch durch offizielle Vertreter des Islams, die ihnen *xurapatliq* vorwerfen, geraten die Heiler unter Druck.[31] Bezogen auf die Gesamtgesellschaft sind sie zwar fester Bestandteil des kulturellen Repertoires und genießen eine hohe Nachfrage, bilden aber dennoch eine abgewertete Sphäre. Ihre Tätigkeiten werden nicht konsequent aus der religiösen Praxis verbannt, aber mit Gefahr, sozialer Schädlichkeit und „Heterodoxie" assoziiert.[32]

Die Rolle des *molla*, der in den Lebenszyklusriten (*at toy, xätnä toy, qiz-yigit toy, däpnä*) als Garant für die Umsetzung des „zentralen Kults" nach LEWIS ist, ist auf Männer begrenzt.[33] Spirituelle Heilungen, Wahrsagerei und Zauberei werden dagegen häufig mit Frauen assoziiert, und mündliche Aussagen, eigene Beobachtungen und Angaben der Sekundärliteratur deuten tatsächlich auf einen hohen Anteil von Frauen hin, die sich mit der Sphäre „peripherer Geister" befassen.[34] Dies gilt nicht nur für religiöse Spezialistinnen, sondern auch für „Laien": Etwa wurde mir von einer Frau erzählt, die den Wunsch geäußert habe, einmal Geister zu sehen, woraufhin eine Schamanin einige zu ihr ins Haus schickte, die ihr sodann erschienen seien.[35] Auch die von Besessenheit betroffenen Personen, die sich von Schamanen heilen lassen, gelten als vorrangig weiblich.[36] RAXMAN/ HÄMDULLA/XUŠTAR berichten von einer in Südxinjiang häufig auftretenden Krankheit, die Frauen im Wochenbett befällt,

---

[31] D. OMAR, unveröff. Manuskript; I. BELLÉR-HANN 1997, 106. Ein Gegengewicht zur allgemeinen Abwertung stellt dagegen das intellektuelle Interesse am *šamanizm* als urtürkischer Religion dar (vgl. Kap. 2.3).
[32] Vgl. auch Kap. 2.1; Kritik richtet sich gegen eigennütziges Paktieren mit Geistern, nicht gegen den Geisterglauben selbst.
[33] Dies entspricht den Vorstellungen von der Rolle des *molla* in der Bevölkerung, heißt aber nicht, dass dieser nicht auch „heterodoxe" Handlungen ausführt, bei denen etwa magische Aspekte eine Rolle spielen (vgl. J. WANG 2004, 211-3; 224). Eine *büvi* hat im Rahmen islamischer Lebenszyklusrituale nur begrenzte Zuständigkeiten, wie etwa die Waschung eines weiblichen Leichnams; ihr informeller Status beruht lediglich auf Anerkennung durch andere Frauen, und ihre Tätigkeiten sind auf häusliche Kontexte oder Heiligengräber beschränkt. Der *molla* repräsentiert dagegen den offiziellen Islam der Moscheen.
[34] An Heiligengräbern traf ich häufig ältere Frauen an, die derartige Dienstleistungen anboten (vgl. auch A. HÄBIBULLA 2000, 347).
[35] Bericht aus der Gegend um Atuš; leider traf ich die Frau nicht persönlich.
[36] A. RAXMAN 1989, 494.

und von der es heißt, sie sei ausschließlich von Schamanen heilbar.[37] Vor allem junge Frauen schaffen sich so auch Freiräume und entziehen sich sozialen Kontrollmechanismen.: „Les malades sont très souvent des femmes jeunes ou des jeunes filles, qui tombent malades inopinément, chacune à son tour, à environ une semaine d'intervalle. Aussi y a-t-il régulièrement des séances de soins, c'est-à-dire des occasions de rencontres et de réjouissances."[38] Vor dem Hintergrund, dass auch die ekstatischen sufischen *ḏikr*-Kulte in der offiziellen religiösen Ideologie marginalisiert werden, ist es bezeichnend, dass Frauen hier ebenfalls vergleichsweise stark vertreten sind.[39]

JOHAN RASANAYAGAM warnt zu Recht davor, „periphere" religiöse Praktiken auf Strategien zur Überwindung sozialer Benachteiligung zu reduzieren.[40] Die einzelnen Akteure handeln durchaus innerhalb gesellschaftlicher Subkonzepte von „Orthodoxie", wie aus den Differenzierungen unter verschiedenen marginalisierten Spezialisten hervorgeht, in denen jeder seine eigene Legitimation religiös begründet.[41] Dominierende islamische Diskurse und soziale Strukturen in der uigurischen Gesellschaft prägen dennoch gewisse Tendenzen der religiösen Arbeitsteilung.

5.3   Männer und Frauen im Totenkult

Die Beerdigungszeremonie ist der „orthodoxe" und zugleich offizielle Teil der Totenfürsorge schlechthin: „Orthodoxie" manifestiert sich in der Befolgung des islamischen Ritus, in welchem die Relevanz von Moral und Sünde ein Angelpunkt ist, und in der Durchführung durch einen *molla*; der offizielle Charakter manifestiert sich in der Anwesenheit einer großen Gruppe von Anteilnehmenden, die sich nicht auf Angehörige beschränkt, sondern für die umfassende Gesellschaft steht.[42] In der ausschließlichen Teilnahme von Män-

---

[37] A. RAXMAN/R. HÄMDULLA/Š. XUŠTAR 1996, 169 f.; in diesem Kontext geht es um spezielle Schamanen, die wilde Adler als Medien verwenden (*quš baxši*).
[38] Zit. DU SHAOYUAN 1995, 47; zu uigurischen Heilerinnen siehe auch I. BELLÉR-HANN 2001b passim.
[39] Siehe G. JARRING 1979, 18 ff.
[40] J. RASANAYAGAM 2006a 378 f.
[41] Zu „Orthodoxie" in der uigurischen Gesellschaft siehe unten Kap. 5.3.
[42] Hier stütze ich mich auf die kritische „Orthodoxie"-Definition von TALAL ASAD: „Wherever Muslims have the power to regulate, uphold, require, or adjust correct practices, and to condemn, exclude, undermine, or replace incorrect ones, there is the domain of orthodoxy." (ebd. 1986, 15). Die Träger der Orthodoxie in Ostturkestan sind nach dieser strukturellen Definition die von der Regierung eingesetzten lokalen

nern schließlich manifestiert sich die kulturelle Assoziation von Männlichkeit, islamischen Pflichten und repräsentativen, offiziellen Angelegenheiten mit gesamtgesellschaftlichem Bezug.[43] Im Gegensatz dazu wird etwa der Brauch, „den Geistern ein Tischtuch zu bereiten" (*rohinatlarġa dastixan seliš*), bei HÄBIBULLA als ausschließliche Frauenangelegenheit und gleichzeitig als durch eigene Belange motiviert dargestellt,[44] die Riten der *bara'ät kečisi*, die im heutigen Xinjiang privat in den Haushalten durchgeführt werden und an denen die Frauen maßgeblich beteiligt sind, sind staatlich verboten und werden von vielen Geistlichen zumindest kritisch gesehen,[45] und auch viele Formen der Heiligenkulte werden skeptisch beurteilt und von reformistischen Strömungen in ihrer Gänze als dem Islam widersprechend abgelehnt.[46]

Friedhöfe werden vorrangig als rituelle Orte der Männer betrachtet. Auf meine Frage, wie Männer und Frauen jeweils für die *ärvahlar* sorgen, wurde oft pauschal geantwortet, Männer besuchten die Gräber, beteten dort und streuten Körner aus, während Frauen im Haus der Toten gedenken und *yaġ puritiš* machten. Während der Kult an Heiligengräbern in der Praxis vielfach weiblich dominiert ist, wird das Betreten von Friedhöfen durch Frauen in manchen Gegenden als „tabu" (*namähräm*) betrachtet. Eine Frau aus Aqsu erzählte mir, in ihrer Heimat werde dieses Meidungsgebot strikt beachtet, auch wenn es dafür keine eindeutige und allgemein geteilte Begründung gebe; eine verbreitete Ansicht sei jedoch, die Scham der Frauen werde dadurch verletzt, dass Geister alles sehen können.[47] In der Realität hatte ich nirgends den Eindruck,

---

Geistlichen (E. WAITE 2006, 256-9), wenngleich auch deren religiöse Praktiken und soziale Strategien in hohem Maße heterogen sind (vgl. Kap. 5.2).
[43] Der Ausschluss von Frauen von der Beerdigung ist unter den Türkvölkern insgesamt die Regel und beschränkt sich auch nicht auf die muslimischen Gesellschaften (siehe u.a. E. TRYJARSKI 2001, 163).
[44] „[...] *özliriġä yaxšiliq-amät tiläš mäqsitidä* [...]"; („mit der Intention, für sich um Wohltaten und Glück zu bitten"), A. HÄBIBULLA 2000, 395 (zum Ablauf des Rituals siehe unten, Kap. 6.1); vgl. auch die Aufzählung unter der Überschrift „abergläubische Bräuche" (*xurapatliq adätlär*) beim selben Autor (ebd. 2000, 393-408); alle hier aufgeführten Riten werden vornehmlich oder zumindest in bedeutendem Umfang auch von Frauen ausgeführt.
[45] I. BELLÉR-HANN 2001a, 20.
[46] T. ZARCONE 2001, 157-64; vgl. auch die kritische Bewertung „abergläubischer" Bräuche (*xurapiy adätlär*) im Zusammenhang mit Heiligenkulten bei A. HÄBIBULLA 2000, 347f.
[47] Plausibel erschiene mir auch, dass man Frauen durch die auf Friedhöfen hausenden Geister in stärkerem Maße als gefährdet betrachtet als Männer (zur höheren „Anfälligkeit" von Frauen in dieser Hinsicht vgl. oben Kap. 5.2). Friedhöfe wie auch

dass dieses Tabu viel mehr als eine Tendenz des Normativen beschreibt. Als ich mit einem Bekannten aus Urumqi einen Friedhof in Toqsun besuchen wollte und er sich dafür nach den örtlichen Gepflogenheiten erkundigte, erklärte unsere Gastgeberin, eine ältere *büvi*, eigentlich sei es *namähräm*, wenn ich als Frau dorthin ginge. Dies galt jedoch offenbar nur als Richtlinie, denn man war sich einig, dass ich auf jeden Fall gehen könne, sofern ich möchte.

Während Friedhöfe demnach auf einer normativen Ebene eher als männliche Räume betrachtet werden, sieht man dort in der Realität vielerorts Frauen und ganze Familien. Auch sind Friedhöfe meist keine durch Mauern oder Zäune abgegrenzten Areale, sondern oftmals in die Landschaft eingebettete Gräberfelder, deren Durchquerung alltäglich ist und auf denen auch Vieh weidet. Ein praktischer Grund dafür, dass Männer oftmals stärker an die Gräber gebunden sind, ist dagegen die Patrilokalität. Frauen, die nicht in unmittelbarer Nähe ihres Elternhauses geheiratet haben, haben kaum Gelegenheit, regelmäßig die Gräber ihrer eigenen Familie zu besuchen, woraus sich auch ein weiterer Aspekt der Wichtigkeit männlicher Nachfahren ergibt, die dem Haushalt erhalten bleiben und später am Grab der Eltern beten. Die rituellen Friedhofsbesuche und Gebete am Grab zu den Festen *roza heyt* und *qurban heyt* sind ebenfalls vorrangig Pflicht der Männer, geschehen aber häufig durch die gesamte Familie.

Der Rückgriff auf nicht an die Gräber gebundene Riten wie das *yaġ puritiš* ordnet die Frauen wiederum der häuslichen Sphäre zu. BELLÉR-HANN beschreibt die im Zusammenhang mit Nahrung stehenden Riten bei den Uiguren als generell dem religiösen Leben der Frauen zugeordnet.[48] Dies gilt rein quantitativ und für den alltäglichen Bereich, doch die Assoziation bestimmter Riten mit den Geschlechtern richtet sich nicht allein nach dem Kriterium, ob Nahrung dabei verwendet wird oder nicht; vielmehr ist qualitativ zu fragen, welche Nahrung zubereitet wird und aus welchem Anlass, denn genau in diesen Punkten der Rollenverteilung spiegeln sich die Genderstrukturen wider.

Wie oben erläutert, wird die Ernährung der *ärvahlar* vor allem durch das Kochen von *polo* und das Frittieren von Pfannkuchen realisiert. Auf die Bedeutung des Fleischgerichts *polo* wurde bereits eingegangen.[49] Die Pfannkuchen (*quymaq* bzw. *poškal*) bestehen im Gegensatz dazu aus dem einfachen Grundnahrungsmittel Teig, und nur die reichliche Verwendung von Öl mar-

---

Heiligengräber gelten als beliebter Aufenthaltsort der *ǧinlar* (vgl. Kap. 2.2 sowie I. BELLÉR-HANN 2004a, 334).
[48] I. BELLÉR-HANN 2001a, 21.
[49] Siehe Kap. 5.1.

kiert eine besondere rituelle Bedeutung und unterstreicht den feierlichen Kontext. Beim *yaġ puritiš*, das die Kontinuität der häuslichen Versorgung symbolisiert, handelt es sich um einen in den Alltag eingebetteten Ritus mit wenig Aufwand, der auch als einfacher Ersatz für ein vollständiges *näzir* verstanden werden kann.[50] So sind es die Frauen, die in der ihnen zugeteilten Aufgabe der Nahrungszubereitung gleichsam auch die regelmäßige Grundversorgung der Geister erfüllen und die harmonische Koexistenz des Haushalts mit den *ärvahlar* garantieren.

Die Zuordnung der Männer zum öffentlichen Sozialwesen und repräsentativen Ereignissen und die der Frauen zum häuslichen Bereich zeigt sich in deutlicher Weise auch in jüngeren Entwicklungen bei den *näzir*-Feiern für Verstorbene: Laut mündlichen Auskünften besteht zunehmend die Tendenz, hierzu nur noch Männer einzuladen, da religiöse Autoritäten ebenso wie lokale Behörden versuchen, einen allzu großen Rahmen der Feste zu verhindern, um soziale Ungleichheiten nicht offenzulegen bzw. Familien vor der Verschuldung zu bewahren.[51] Die Entwicklung der Praxis zeigt, dass die Teilnahme von Frauen bei diesen gesellschaftlichen Ereignissen im Gegensatz zu derjenigen der Männer, die als Repräsentanten ihres Haushalts auftreten, als verzichtbar gilt.[52]

Die kulturelle Abwertung weiblicher Handlungssphären im Sinne von „*šäxsi*", die in der Regel nur implizit mitschwingt, muss jedoch auch im Falle des Totenkults in ihrem Spannungsverhältnis zu den realen Rollen der Frauen gesehen werden. So sind es etwa die Nachbarinnen und weiblichen Verwandten, die für die Trauernden *issiqliq* kochen, Solidarität inszenieren und damit grundlegende gesellschaftliche Strukturen bestätigen.[53] Obwohl die sozialen Rollen der Frauen in vieler Hinsicht zentral und unverzichtbar sind, wird dies jedoch kaum explizit gemacht. Bei repräsentativen Festlichkeiten kommt ihnen ein Großteil der tatsächlichen Arbeit und Verantwortung zu, doch ist es fraglich, ob sich für sie aus den festen Zuteilungen tatsächlich ein großer Spielraum ergibt, wie IANTHE MACLAGAN es für ein Beispiel aus dem Jemen

---

[50] Zu den Konnotationen entsprechender Zeremonien bei den Kasachen vgl. B. G. PRIVRATSKY 2001, 134 ff.; PRIVRATSKY versteht das Ölopfer als „ritual simplification" und Ersatz für ein Schlachtopfer.
[51] Hierin liegen möglicherweise auch die Gründe dafür, dass laut A. RAXMAN/R. HÄMDULLA/ Š. XUŠTAR heute häufig nur noch ein *näzir* gegeben wird (ebd. 1996, 134).
[52] *Näzir*-Feiern aus privaten Anlässen, bei denen es nicht um gesellschaftliche Repräsentation geht, werden dagegen häufig von Frauen initiiert und durchgeführt.
[53] Siehe Kap. 4.1.2.

postuliert.⁵⁴ Meinen Eindrücken nach wurden die Rollen eher als obligatorisch und alternativlos wahrgenommen; mehrfach erlebte ich, wie Frauen sich untereinander darüber beklagten, dass große Feste und *näzir*-Feiern für ihr Geschlecht stets mit viel Mühsal (*avaričilik*) verbunden seien, während die Männer gemeinsam eine gute Zeit hätten.

Ein vor allem den Frauen zugeteilter Brauch ist auch das laute, unablässige Klagen (*hazaečiš*) als fester Bestandteil der Trauerzeremonien. Eine Frau, die mir vom einige Jahre zurückliegenden Tod ihres Vaters erzählte, beschrieb die ersten Tage danach nicht in erster Linie wegen ihrer tatsächlichen eigenen Trauer als extrem anstrengende Zeit, sondern weil sie aufgrund der gesellschaftlichen Erwartungen nicht aufhören durfte zu weinen; wenn sie als Tochter des Verstorbenen nicht alle Energie in den Ausdruck ihrer Trauer gelegt hätte, wäre ihrer Ansicht nach Gerede entstanden. Während es für Männer ausreiche, am ersten Tag zu weinen und dann herumzusitzen, zu essen und sich zu unterhalten, werde auch von den anteilnehmenden Frauen und Nachbarinnen erwartet, aus Solidarität wenigstens für einige Stunden mitzutrauern. Trotz des sozialen Drucks, der hier auf den Frauen lastet, wurde das laute und emotionale Klagen mir gegenüber von Angehörigen beider Geschlechter durchaus zwiespältig bewertet, da es letztlich Auflehnung gegen eine göttliche Entscheidung bedeute; einmal mehr wird also ein weibliches Ritual zwar auf der Ebene sozialer Interaktion eingefordert, zugleich aber drängt seine Performanz die Akteurinnen in die religiöse Peripherie.⁵⁵

Das vom Islam Gebotene und die Verantwortung für das Gemeinwohl scheinen in der uigurischen Gesellschaft tendenziell mit dem männlichen Geschlecht assoziiert zu werden. Die von MARILYN STRATHERN in Papua-Neuguinea untersuchte Zuordnung von „self-interest" und „social good" führte die Autorin zu einem ähnlichen Fazit: „It is men who seem to be put on the side of morality, to represent the ‚social' dimension of commitment [...]."⁵⁶ Auf der anderen Seite sind die abgewerteten Rollen der Frauen zugleich obligatorisch, wie auch die ihnen zugeordneten Riten und peripheren Kulte einen festen Sitz im von beiden Geschlechtern geteilten kulturellen System haben. Auch Männer glauben an den Einfluss der Geister auf das Leben der Menschen und betrachten es im akuten Fall als ratsam, auch entsprechende Spezialistinnen aufzusuchen:

---

⁵⁴ Siehe Kap. 5.1.
⁵⁵ Vgl. auch J. RASANAYAGAM 2006a, 387.
⁵⁶ Zit. M. STRATHERN 1981, 185. Es ist hier noch einmal zu betonen, dass auch die männlichen Spezialisten zahlenmäßig eine Rolle spielen; es geht hier lediglich um Statushierarchien im Zusammenhang mit Zuschreibungen.

„As we saw in the case of women's cults where, however ambivalent male attitudes to such troublesome spirits may be, men at least believe in them in general, so here too it is obviously essential that both superior and subordinate should share a common faith in the existence and efficacy of these mutinous powers."[57]

Für die Anliegen von Familie und Haushalt als grundlegenden Einheiten der Gesellschaft erfüllen Frauen unter anderem im regelmäßigen Kontakt zu den *ärvahlar* einen wichtigen Aspekt des religiösen Lebens, und auch in Kontexten, in denen Männer als Hauptakteure auftreten, beruht der zeremonielle Rahmen wesentlich auf weiblicher Arbeit. Die Zuordnungsmuster der Gendersymbolik verweisen auf eine Ideologie, welche die tatsächliche Relevanz „weiblicher" Riten nicht ausdrückt, sondern abwertet – gleichwohl diese einen gewichtigen Teil des religiösen Lebens bei den Uiguren ausmachen. Entsprechend wird auch der konkrete Umgang mit den *ärvahlar*, der allgemein als angemessener Ausdruck von *hürmät* gilt und als Wert nicht in Frage gestellt wird, in einer Hierarchie ritueller Motive und Mittel differenziert, die in Korrelation zur Genderhierarchie stehen.

---

[57] Zit. I. M. LEWIS 1971, 113.

6 ANSÄTZE ZUR RELIGIONSWISSENSCHAFTLICHEN EINORDNUNG

6.1 „Geister" und ihre Existenzformen

Die bei den Uiguren verbreiteten Geisterkonzeptionen sind kaum entlang streng getrennter Kategorien von „Geist" und „Materie" einzuordnen. Zwar wird zwischen dem menschlichen Körper und dem *roh* unterschieden, doch lässt sich dies nicht vollständig auf Dichotomien wie „materiell" und „immateriell" übertragen. Immaterielle Aspekte sind etwa die auch zu Lebzeiten in Teilen vom menschlichen Körper unabhängige Existenz des *roh* und seine Unsichtbarkeit. Andererseits ist er jedoch an die Materie gebunden und hat nach Aussagen einiger Informanten etwa Schwierigkeiten, aus einem fest gemauerten Grab herauszugelangen.[1] Auch kann er in Abbildungen der zugehörigen Person präsent sein: Der uigurische Forscher DILMURAT OMAR beschreibt einen Schamanen, der sich nicht fotografieren lassen wollte, da er fürchtete, geschwächt zu werden und zu erkranken, wenn der Fotograf zusammen mit dem Bild seinen *roh* mitnähme.[2] Ein Bekannter erzählte mir, er habe überlegt, sich je ein Bild seiner Mutter und seines Sohnes auf die Arme tätowieren zu lassen, sich aber dagegen entschieden, damit deren Geister nicht ständig um ihn seien und ihn beobachteten. Eine Abbildung nimmt demnach einen substantiellen Teil der dargestellten Person auf. Heiler können zur Therapie eines Abwesenden entsprechend auch auf dessen Kleidungsstücke oder ein Foto zurückgreifen.[3]

Mehr noch als die Geister der Lebenden bewegen sich die Geister der Toten ungebunden in Raum und Zeit, doch auch sie sind zugleich an bestimmten Orten besonders präsent. Sehr detaillierte Vorstellungen zum Übergang des *roh* in eine Art „Jenseits" sind aus den gesammelten bruchstückhaften Aussagen und Beobachtungen allerdings nicht zu rekonstruieren, und es kann nicht davon ausgegangen werden, dass alle Informanten diese Fragen eingehend reflektieren. Auch die Frage, zu welchem genauen Zeitpunkt der *roh* zum *ärvah* wird und was diese Transformation ausmacht, erschien den Befragten unbedeutend oder verwirrend. Allgemein gilt die endgültige Trennung des *roh* vom Körper als Kernaspekt des Sterbens. Durch sie verliert er die Zugehörigkeit zu einem persönlichen, lebenden Individuum und gliedert sich den

---

[1] Siehe Kap. 4.1.1.
[2] D. OMAR, unveröff. Manuskript.
[3] Vgl. I. BELLÉR-HANN 2001b, 83 ff., sowie Kap. 2.1.

ärvahlar an; dies bedeutet aber keine vollständige Trennung von der sozialen und räumlichen Sphäre der Lebenden. Auf die Frage, wo sich der *roh* eines Verstorbenen aufhalte, erhielt ich des Öfteren die Antwort, dass er in der Nähe seiner Angehörigen bleibe. So kann die Überlegung, die Geister der Verstorbenen nicht alleine lassen zu wollen, Grund dafür sein, aus einem Haus nicht auszuziehen: Vor allem an Donnerstagen, Festtagen und im *bara'ät* suchen die *ärvahlar* die Häuser ihrer Hinterbliebenen auf und weilen unter ihnen.[4] Besondere Präsenz besitzen sie auch an den Gräbern, wo Nahrung dargebracht und Lichter angezündet werden und wo man zu ihnen betet.[5]

Die allgemeine Vorstellung, dass „geistige" Wesen sich auch materiell ernähren, zeigt sich bei den Uiguren unter anderem in Opfern an Geister zur Vorbereitung schamanischer Rituale.[6] Überreste solcher Schlachtungen sind oft an Gräbern zu sehen, wo mit bestimmten Geistern in Kontakt getreten wird. In der einheimischen Beschreibung einer Geisteraustreibung aus dem 19. Jh. spielen neben Räucherwerk auch *poškal* (*püškäl*), von denen 70 Stück benötigt werden, eine wichtige Rolle; ferner wird ein Schaf geschlachtet. Nähere Angaben zur Funktion dieser Gaben macht der Informant leider nicht.[7] Erwähnenswert ist in diesem Zusammenhang der Brauch der „Magerenspeise" (*oruq eši* oder *avaq eši*) bei den Uiguren, mit der abgemagerte Kleinkinder behandelt werden, die kaum Nahrung zu sich nehmen. An einer Wegkreuzung wird eine Schale mit Essen aufgestellt und davor eine Puppe gesetzt. Die Puppe soll Geister herbeilocken, damit diese von der Nahrung essen; die durch die Geister verzehrte Speise geht auf das betroffene Kind

---

[4] „*Bäzilär ölgüčiniŋ „rohi ġeripsinip qalidu" däp u öydin asanliqčä köčmäydu*"; A. HÄBIBULLA 2000, 395.
[5] Eine bei JARRING dokumentierte Aussage aus dem Jahr 1934 verweist auf den islamischen Glauben, nach dem die Geister sich bis zum Jüngsten Tag am Grab aufhalten (G. JARRING 1979, 8).
[6] Aufgrund fehlender uigurischer Belege zu diesem Aspekt verweise ich auf G. P. SNEZAREV, der zur Versorgung der Hilfsgeister (*pari*) bei usbekischen Schamanen schreibt: „[...] what is most important is that the *pari* helpers have to be fed. This is why a sacrificial animal, or, more precisely, its blood, is needed. The feeding of the *pari* is the beginning of each shamanistic ritual. The invocations of the shaman [...] were succeeded by a ceremony in which the chicken (or lamb or kid) was slaughtered over the shoulders and nape of the patient, so that the blood of the sacrifice would flow over the patient's body. The informants said that the blood would disappear instantly – ‚the pari would lick it off." (Zit. ebd. 2003, 41).
[7] K. H. MENGES 1976, 88 (I).

über, das daraufhin zunimmt.⁸ Auch hier spielt also die Übertragung konsumierter Nahrung zwischen Geistern und Menschen eine Rolle, die auch eine Funktion des Gemeinschaftsmahls beim *näzir* und des *du'a* nach dem Essen ist; lediglich die Richtung der Übertragung, im ersten Fall von Menschen auf den Totengeist und hier von Geistern auf einen Mensch, ist verschieden. In diesen Bräuchen zeigt sich die Vorstellung von Nähe und einer engen Symbiose zwischen beiden Sphären.

Versorgung der *ärvahlar* mit Essen geschieht in drei verschiedenen Formen: in direkten Gaben beim Ablegen von Nahrung auf dem Grab, im *yaġ puritiš*, bei dem allein der Duft als Nahrung gilt, und im Nahrungskonsum der Lebenden, sofern dieser beim *näzir* oder durch das Sprechen eines *du'a* nach der Mahlzeit im Andenken an einen Toten geschieht. BELLÉR-HANN berichtet auch von getrocknetem Obst, das in die Ecken der Häuser gelegt wird, um die *ärvahlar* damit zu erfreuen, wenn sie die Stätten ihrer Hinterbliebenen aufsuchen.⁹ Möglicherweise werden diese Handlungen von einigen Personen auch als rein symbolisch verstanden, doch Hinweise darauf habe ich aus Gesprächen nicht erhalten. Umgekehrt schlägt sich auch die Notwendigkeit des Erinnerns auf der Ebene von Ernährung nieder: Mehrere Informanten äußerten die Vorstellung, dass in Vergessenheit geratene *ärvahlar* abmagerten und schließlich verhungerten.

Die Praxis der konkreten und direkten Gaben variiert stark. An manchen Orten wie in Yarkend sah ich vielfach auf Gräbern zurückgelassene Nahrung wie frische Trauben, Stücke von Hammelfett oder frittierte Pfannkuchen und erhielt die Erklärung, es sei üblich, Essen ans Grab zu bringen, wenn einen der *roh* eines Toten im Traum um Speisung bittet, während auf anderen Friedhöfen dergleichen nicht zu beobachten war und einige Uiguren erstaunt über meine Berichte davon waren. Das ausschließlich von Frauen und unter Abwesenheit der Männer durchgeführte Ritual, „den Tisch für die Geister zu decken" (*rohinatlarġa dastixan seliš*) beschreibt HÄBIBULLA in seiner „Ethno-

---

⁸ So erklärte mir RAHILÄ DAVUT, Professorin an der Xinjiang Universität in Urumqi, den Brauch; für das Aufstellen des *oruq eši* wird eine Wegkreuzung gewählt, weil solch eine Stelle auch von Geistern besonders stark frequentiert wird. Eine etwas abweichende Interpretation findet sich bei A. RAXMAN: Das Essen wird für den *ġin* bereitgestellt, von dem das Kind besessen ist und der daraufhin von diesem abläss (ebd. 1989, 490).

⁹ I. BELLÉR-HANN 2001a, 21 f.; hin und wieder habe ich auch an Gräbern getrocknetes Obst gesehen.

graphie der Uiguren".[10] Laut dieser Quelle geht es darum, von den Totengeistern besonders frommer oder herausragender Menschen persönliche Wünsche erfüllt zu bekommen.[11] An einem Mittwoch wird von einer Frau, die einen Wunsch hegt, ein Raum hergerichtet, indem sie dort Sitzkissen um eine Tischdecke verteilt und diese mit umgedrehten Löffeln, Kleinigkeiten zu essen und sieben oder neun Schalen mit kleinen Portionen gekochter Speisen deckt. Anschließend verlässt sie den Raum ohne sich umzuwenden und lässt die Tür offen stehen. Betritt sie nach einem Tag und einer Nacht das Zimmer wieder und findet die Löffel richtig herum gelegt vor, so gilt dies als Zeichen, dass Geister zu Gast waren und sich der Wünsche der Bittstellerin annehmen.[12]

Interessant sind die unterschiedlichen Stellungnahmen von Einheimischen, die ich zu dem Brauch befragte. Eine Bäuerin aus der Gegend um Kašgar bestätigte die Existenz und Relevanz dieser Praxis, die in ihrer Heimat im *bara'ät* ausgeführt werde.[13] Anderen Befragten war der Brauch dagegen völlig unbekannt. Diese Personen vermuteten häufig, es müsse wohl von einem *näzir* oder einer ähnlichen Zeremonie die Rede sein; dort äßen aber die Eingeladenen und der *molla* selbst, es sei daher ungewöhnlich, Speisen extra für die *ärvahlar* bereitzustellen. Eine Intellektuelle und praktizierende Muslima lehnte schließlich die Möglichkeit, dass dies ein uigurischer Brauch sein könnte, strikt ab. Geister bräuchten kein Essen, sondern Gebete und Koranrezitation; es könne wohl sein, dass es bei den Chinesen solche Traditionen gebe, nicht aber bei den Uiguren. Der Hinweis auf die chinesische Kultur, die für die Uiguren in meinem Umfeld als minderwertig galt und sich durch das Fehlen einer „Religion" („*xänzularniŋ bir dini yoq*") auszeichnete, zeigt eine spontane Distanz der deutlich islamisch orientierten Informantin gegenüber Vorstellungen von materiellen Bedürfnissen der *ärvahlar*. Andererseits stellte dieselbe Person etablierte „uigurische Traditionen" von allgemeiner Verbreitung, die

---

[10] Der allgemeine Ausdruck *dastixan seliš* bedeutet wörtlich „ein Tuch ausbreiten", wobei *dastixan* das Tuch ist, auf dem Speisen serviert werden, wenn traditionellerweise auf dem Boden gegessen wird.
[11] A. HÄBIBULLA 2000, 395; mit der hier verwendeten ungewöhnlichen Pluralform *rohinat* soll möglicherweise die besondere Ehre ausgedrückt werden, die den Geistern großer Persönlichkeiten gilt. Hier werden die Übergänge zu Heiligenkulten (vgl. Kap. 2.2) fließend.
[12] Für die Beschreibung des Brauches vgl. A. HÄBIBULLA 2000, 395 f.; zur Anzahl von sieben bzw. neun Schälchen und zur Bedeutung des Mittwochs gibt HÄBIBULLA keine Erklärung.
[13] Nach HÄBIBULLA findet dieser Brauch allerdings im Spätherbst statt (A. HÄBIBULLA 2000, 395), während der Monat *bara'ät* dem islamischen Kalender nach auf unterschiedliche Jahreszeiten fällt.

ebensolche Vorstellungen widerspiegeln, nicht in Frage; im Gegenteil erfuhr ich von ihr viel von der Notwendigkeit, zum Wohl und zur Stärkung der Geister Riten wie *yaġ puritiš* auszuführen. Möglicherweise wird die Ambivalenz in den materiellen Bedürfnissen von „Geistern" für die Informantin in diesem Fall durch den flüchtigen Charakter von Düften aufgehoben. Das gleiche Prinzip der flüchtigen Materie gilt für Rauch, von dessen Wirksamkeit bei der Abwehr böser Geister beim *isriq seliš* sie ebenfalls überzeugt war.[14]

Wenn auch die Ansichten darüber, was ein *roh* in erster Linie von den Lebenden benötigt, variieren, so ist doch unzweifelhaft, dass ein Glaube an materielle Bedürfnisse der Geister vielen Bräuchen zugrunde liegt. Daneben ist jedoch das islamische Konzept der primären Abhängigkeit jeder Existenz – so auch derjenigen der *ärvahlar* – von der Gunst Gottes von hoher Bedeutung. Dieser Glaube kommt vor allem in den mündlichen Riten wie Koranlesungen für die Toten zum Ausdruck.

6.2   Reziprozität zwischen *ärvahlar* und Lebenden

Im „Handbuch religionswissenschaftlicher Grundbegriffe" schlägt HANS-PETER HASENFRATZ eine Unterscheidung zwischen „kosmischen" und „akosmischen" Toten vor. Kosmische Tote sind im Gegensatz zu den akosmischen in Übereinstimmung mit den Normen der Gemeinschaft verstorben, was jeweils zu unterschiedlichen Funktionen des Totenkults führt:

> „Gegenüber den akosmischen Toten hat der Totenkult die Funktion: sie [...] als sozial Tote zu markieren, von der Gemeinschaft zu isolieren (Abwehr), total zu vernichten (Annihilation) oder aber sozial zu redintegrieren („Erlösung"). Die Kluft zwischen den beiden Gattungen von Toten ist also nicht unüberbrückbar. So droht ein im Frieden mit der Gemeinschaft verstorbener „seliger" zum akosmischen Toten, zum wiedergängerischen Un-Geheuer zu werden, wenn die Gemeinschaft es an Pietät (gemeinschaftsbezogenem Verhalten) ihm gegenüber mangeln läßt, indem sie ihn etwa nicht rite bestattet oder bei der Versorgung (Totenpflege) knausert; umgekehrt kann ein solcher akosmischer Toter durch entsprechende Wiedergutmachung des an ihm Versäumten der Gemeinschaft wieder zurück-gewonnen werden."[15]

In erster Linie wären bei den Uiguren schwere Sünder und Personen, die Suizid begangen und damit kein vollständiges Bestattungszeremoniell durch

---

[14] Zum *isriq seliš* siehe Kap. 2.2.
[15] Zit. H.-P. HASENFRATZ 2001, 234 f.

den *molla* erhalten haben, zu den „akosmischen Toten" zu zählen. Studenten aus Urumqi erzählten mir, dass der See des Universitätscampus gefürchtet und besonders abends gemieden werde, da zahlreiche Menschen sich im Wasser das Leben genommen hätten. Leider habe ich keine Informationen dazu erhalten, wie mit derart Verstorbenen nach ihrem Tod verfahren wird, doch scheinen spezielle Abwehrriten gegen eine eigene Kategorie „wiedergängerischer", „akosmischer" Toter keine große Rolle zu spielen. Laut RAXMAN gibt es den uigurischen Brauch, ein verlobtes oder einander versprochenes Paar nach dem plötzlichen Tod eines der beiden in einer „Geisthochzeit" *(rohiy nikah)* posthum zu verheiraten.[16] Dies könnte als Beispiel dafür herangezogen werden, wie einem Verstorbenen nachträglich ein „kosmischer" sozialer Status verschafft wird: Ein Tod, der einen Menschen in einer nicht zum Abschluss gebrachten Schwellenphase ereilt, gilt offenbar als problematisch.[17]

Zwar ist für Außenstehende schwer zu beurteilen, welche Motive in konkreten Einzelfällen hinter den rituellen Handlungen für die Toten stehen, wann es Furcht ist, wann Pflichtgefühl oder einfach das Fortführen einer Tradition, doch für eine allgemeine Einschätzung kann die generelle Frage nach Macht und Ohnmacht der Totengeister gestellt werden. Für HASENFRATZ impliziert Totenkult grundsätzlich die Vorstellung, dass die Toten nicht nur ohnmächtig, sondern „zugleich und vor allem mächtig" seien.[18] In vielen Kulturen sind Tabus wie die Meidung des Leichnams oder des Grabes ebenso wie Riten zur Verhinderung der Rückkehr des Toten verbreitet. Auch in Bräuchen benachbarter Kulturen sowie in historischen Dokumenten aus Ostturkestan spiegelt sich Angst vor den Toten wider, etwa wenn die Bestattungsriten nicht richtig eingehalten wurden und der Übergang des Geistes ins Jenseits nicht sicher gewährleistet wurde.[19] KATANOV dokumentierte im Jahr 1892 Aussagen, nach denen man an einem Ort im Kreis Turfan die Toten drei Tage ohne besondere Fürsorge liegenließ; nach der Beerdigung setzte man das Sterbezelt in Brand und die Menschen verließen die Sterbestelle fluchtartig.[20] Derartige Praktiken gibt es bei den Uiguren nicht mehr, doch manches weist

---

[16] A. RAXMAN 1989, 368; leider wird weder auf den Hochzeitsvorgang, noch auf die Konsequenzen für den noch lebenden Partner in dieser Ehe eingegangen.
[17] Für die Vorstellung, dass unverheiratet oder kinderlos Verstorbene zu einer Gefahr für die Lebenden werden, liefert die ethnologische Literatur reichliche Beispiele aus unterschiedlichsten Kulturen (z.B. L. DELABY 1993).
[18] H.-P. HASENFRATZ 2001, 234.
[19] Zu Tabus im Umgang mit Toten bei den Türkvölkern siehe E. TRYJARSKI 2001, 90-5; J.-P. ROUX 1963, 64-7; N. A. ALEKSEEV 1987, 93 f.; U. HARVA 1938, 288 u.a.
[20] „[...] ölük ölgän qemiš öjni ot qojub-aturlar. (125) Bu ölük ölgän mähälledin bu adämlär qečip-kätärlär." K. MENGES 1976, 60 I.

auf Furcht vor allem im Umgang mit kürzlich Verstorbenen hin: Wie bereits oben erwähnt, wird nach meinen Informationen beispielsweise ein neues Grab gemieden. Im Gespräch mit DILMURAT OMAR erfuhr ich von Riten, die der schnellen und reibungslosen Trennung des *ǧan* vom Körper dienen, den Übergang des *roh* ins Jenseits gewährleisten sowie seine Rückkehr verhindern sollen. So gebe es den Brauch, alle Nägel und spitzen Gegenstände aus dem Raum, in dem ein Sterbender liegt, zu entfernen, damit das vom Körper gelöste *ǧan*, das sonst daran hängenbleiben könnte, ungehindert den Raum verlässt. Der Rückkehr des Toten wird etwa vorgebeugt, indem man den Leichnam durch ein Fenster aus dem Haus befördert, damit der Geist später den Eingang nicht wiederfindet.[21] Hier ist also die Sorge relevant, dass ein Toter zum „Wiedergänger" wird. Die sorgfältige Ausführung der Trennungsriten ist dagegen die Grundlage dafür, dass die Angliederung des *roh* in seinen neuen Status gelingt. Wie bereits erläutert wurde, ist auch die *näzir*-Zeit mit ihren zahlreichen Riten und Tabus für den Übergang entscheidend. Kehrt der Tote dennoch wieder, kann er durch den Rauch beim Verbrennen bestimmter Pflanzen (*isriq seliš*) oder *yaǧ puritiš* beruhigt werden. Auch wurde mir erzählt, dass Tote gelegentlich neu bestattet werden, wenn ihr Geist den Lebenden wiederholt im Traum erscheint und die üblichen Maßnahmen keine Wirkung zeigen, denn die andauernde Wiederkehr des Toten könne darauf hinweisen, dass er sich in seinem Grab nicht wohlfühlt.[22]

Wie sehr bei diesen Praktiken nun die reine Sorge um den Geist eines Nahestehenden oder die Angst etwa vor einer unheilvollen Rache des Totengeistes dominante Motive sind, kann hier aufgrund fehlender Daten oder auch aufgrund einer fehlenden emischen Differenzierung nicht im Einzelnen gesagt werden: Auf der sprachlichen Ebene existiert nur eine Kategorie von Totengeistern, nämlich die der *ärvahlar*. Eine Dichotomie zwischen „kosmischen" und „akosmischen Toten" ist in der indigenen Sicht nicht von Relevanz und spiegelt sich in keiner terminologischen Unterscheidung wider. Auch wenn HASENFRATZ betont, dass ein Wechsel zwischen dem Status des

---

[21] Diese Praxis ist auch bei den Völkern des Altais weit verbreitet (U. HARVA 1938, 282).
[22] Diese Auffassung erinnert an die Rolle der Geomantik (Feng-Shui) im chinesischen Ahnenkult: Eine korrekt ausgerichtete Grabstätte bringt den Nachfahren materiellen Wohlstand und Segen; kommt es dagegen in einer Familie kurz nach einem Todesfall zu Misserfolgen und Unheil, so wird dies oft auf Unzufriedenheit des Ahnengeistes mit seiner Ruhestätte zurückgeführt, und der Leichnam wird neu bestattet (vgl. Y.-Y. LI 1976). Eine Verbindung zur uigurischen Praxis kann mit dieser Parallele allerdings nicht belegt werden.

„kosmischen" und „akosmischen" Toten möglich ist, hielte ich eine Übertragung dieses Gegensatzes auf die *ärvahlar* bei den Uiguren für problematisch. Während BELLÉR-HANN von einer Heilerin berichtet, die bei ihrer kranken Patientin unter anderem Besessenheit vom Geist des verstorbenen Großvaters diagnostiziert, zeigt sie andererseits, wie der Geisterglaube – genauer ausgedrückt die Annahme, „that after death the spirits of dead relatives would continue to take an interest in the life of the living, and remembering them, praying for them and making them offerings would ensure their benevolence" – im positiven Sinne auch die Grundlage der Heilmethoden ist.[23] Im Jenseits harmonisch etablierte Totengeister schützen und segnen die Lebenden, können ihnen Beistand leisten und Unglück abwenden, sofern sie wohlversorgt und damit auch wohlgesonnen sind.

Insgesamt wird also von einer Reziprozität zwischen Lebenden und Toten ausgegangen.[24] Verschiedene Motive des Totenkults, die von Angst bis zu reiner Pietät reichen könnten, schließen hier einander nicht aus. Vielmehr scheinen die Beziehungen zwischen den Hinterbliebenen und den *ärvahlar* dynamisch zu sein, sie können unterschiedliche Phasen durchlaufen, gestört sein und wieder heil werden. Auch wenn manche Riten – vor allem im Umfeld der Bestattung – abwehrenden Charakter haben und Furcht vor ruhelosen Geistern durchaus zum Ausdruck kommt, so ist mein Eindruck aus den zahlreichen Gesprächen mit Einheimischen, dass es in erster Linie um eine moralische Verpflichtung den Toten gegenüber geht und andere Aspekte zweitrangig sind. Deutlicher als die Sorge um die Rückkehr eines nicht zur Ruhe gekommenen Geistes äußert sich gerade das Bestreben, den *roh* durch Loyalität und zuverlässige Sorge im Haushalt und unter den Angehörigen lebendig zu halten.

Den *ärvahlar* wird im reziproken Verhältnis zwischen Lebenden und Toten offensichtlich eine gewisse Mittlerrolle zu Gott – wenn auch nicht in dem Ausmaß, in dem dies bei den Heiligen der Fall ist – zugeschrieben.[25] Diese Verbindung kommt etwa in Riten für die Verstorbenen aus Anlass eines

---

[23] I. BELLÉR-HANN 2001b, 80; Zit. ebd., 90.
[24] Vgl. auch die Worte, mit denen S. KLEINMICHEL eine religiöse Spezialistin in Usbekistan im Zusammenhang mit den dort ebenfalls üblichen Gastmahlen für die Toten zitiert: „*ülik tüymagunča tirik tüymas* (solange der Tote nicht satt geworden/befriedigt ist, wird auch der Lebende nicht satt)", ebd. 2000, 87.
[25] Vgl. auch die in Kap. 3.2 angeführte Erklärung einer Informantin über die Nähe des menschlichen *roh* zu Gott. MARIA ELISABETH LOUW beschreibt aus Kirgistan die Vorstellung, dass Gott sich der Toten bedient, um sie mit Zeichen und Ratschlägen zu den Lebenden zu schicken (ebd. 2007, 4 ff.); in dem kurzen Bericht bleibt unklar, ob die Initiative nicht auch von den Totengeistern selbst ausgehen kann.

eigenen Anliegens oder aus Dankbarkeit für ein glückliches Ereignis zum Tragen. Für das alltägliche Wohlergehen ist es von Bedeutung, ein gutes Verhältnis zu den eigenen *ärvahlar* zu haben; bei schwerwiegenderen Problemen wendet man sich an Heilige, die interessanterweise auch häufig Verwandtschaftsbezeichnungen wie *ata* („Vater") oder *ana* („Mutter") als populäre Beinamen tragen. Insofern lassen sich manche Aspekte des Totenkults durchaus als eine Fortschreibung des gesellschaftlichen Senioritätsprinzips im „Jenseits" deuten.[26] Den Pflichten gegenüber den Toten nachzukommen gilt als Ausdruck von *hürmät* sowie als *savab*, das sich nach dem eigenen Tod auszahlen wird. *Ärvahlar*, die von ihren Angehörigen nicht vergessen, sondern regelmäßig bedacht werden, bitten im Gegenzug bei Gott für deren Seelen. Umgekehrt werden möglicherweise auch Versäumnisse in der Sorge um die Toten eher durch Gott als durch die Geister selbst gestraft. Meinem Eindruck nach gilt die Fürsorge und Achtung für die Toten meistens, wenn nicht sogar immer, auch als religiöse Pflicht im Kontext des Islams. Die Fürsprache der *ärvahlar* bei Gott und dessen Urteil über das eigene Verhalten sind demnach wichtiger für das Schicksal des Individuums als eine unmittelbare Reaktion der Toten.

Für eine relative Ohnmacht und Abhängigkeit der *ärvahlar* sprechen deren Bedürfnis nach Versorgung durch die Lebenden in verschiedenen Formen. So ist eine beständige Sorge der Angehörigen, der *roh* des Toten könnte sich alleingelassen fühlen: In den Tagen nach der Bestattung leisten ihm Hinterbliebene am Grab Gesellschaft, später versucht man, durch das Bestreuen des Grabs mit Körnern Vögel anzulocken, und immer wieder empfängt und bewirtet man die *ärvahlar* im Haus.[27] Zusammengefasst drückt sich diese Haltung in dem Glauben aus, dass vernachlässigte oder vergessene Tote schwach werden, „abmagern" und schließlich erneut sterben. Andererseits sind die Geister von der Gunst Gottes abhängig, die sie jedoch nicht ausschließlich durch ihre eigenen Taten zu Lebzeiten gewinnen: Auch hier sind sie auf die Hinterbliebenen angewiesen, die vor allem bei den Bestattungsriten helfen müssen, die Sündenlast der Verstorbenen zu mindern.

Es wäre interessant, die Tendenz, Gott als letzten Verantwortlichen zwischen die Lebenden und die Toten zu schalten, genauer und systematischer

---

[26] Mir scheint, dass PRIVRATSKYs Kommentar zur Religion der Kasachen auf deutliche konzeptuelle Parallelen verweist: „Because of their age the elders of the household are closer to the ancestors; the spirits of the ancestors, being Muslims, are themselves closer to the saints who brought Islam to us; and the saints (*äüliye*) are the representatives (*walī*) of God"; Zit. B. G. PRIVRATSKY 2001, 131.
[27] Vgl. Kap. 4.2 und I. BELLÉR-HANN 2001a, 14 f.

zu untersuchen. Generell ist wohl in dem Maße, in dem bei einzelnen Personen der Glaube an die Allmacht Gottes im Vordergrund steht, zwar von einem geringeren Glaube an die Macht der Totengeister auszugehen, dafür aber von einer umso größeren Verpflichtung, aus religiösen Gründen für deren „Seelenheil" zu beten. In jedem Fall kann der Totenkult nicht als eigenständiges System isoliert vom Islam betrachtet werden.

6.3 Die *näzir*-Feiern als Form von „Opfermahl"

Auf die historischen und geographischen Dimensionen, in denen sich der kulturelle Umgang mit dem Tod in seinen heutigen Formen bei den Uiguren entwickelt hat, wird in der vorliegenden Arbeit nur sporadisch und selektiv – hauptsächlich auf andere Türkvölker bezogen – hingewiesen. Diese Faktoren zu diskutieren ist kein vorrangiges Ziel der Studie. Die einzelnen Hinweise auf religionsgeschichtliche Parallelen sollen lediglich punktuelle Orientierung bieten.[28]

Lohnend wäre es möglicherweise, den Komplex der Opfermahltradition in Nord- und Zentralasien unter Einbeziehung der uigurischen *näzir*-Feiern zu untersuchen. Unter Opfermahl verstehe ich in diesem Zusammenhang die gemeinschaftliche rituelle Einnahme einer Mahlzeit, wobei die Hauptintention ist, die konsumierte Nahrung oder das geschlachtete Tier mit Durchführung des Rituals in irgendeiner Form auf ein anderes Wesen – hier den Totengeist – zu übertragen, dem das Opfermahl primär gewidmet ist. Die Idee, dass die *ärvahlar* der Ernährung bedürfen, ist ein charakteristischer Bestandteil der Totenfürsorge bei den Uiguren. Allerdings handelt es sich dabei um keinen speziell „uigurischen" Aspekt des Totenkults: Im Vergleich zu benachbarten und insbesondere nicht islamisierten Ethnien, bei denen große Opfermahle viel expliziter der Speisung der Toten dienen, ist dieser Aspekt bei den *näzir*-Mahlen weniger stark ausgeprägt.[29] Auffällig ist allerdings, wie sehr sich nicht

---

[28] JULIAN BALDICKs Überblick über Quellen und Forschungsergebnisse zu den Religionen Zentralasiens gibt eine Idee von der historischen Vielfalt von Vorstellungskomplexen, deren Einflüsse auf die Religion der Uiguren u.a. relevant sein könnten (J. BALDICK 2000); vgl. auch die Diskussion von Versuchen, religiöse Vorstellungen der Türken im 8. Jh. zu rekonstruieren, bei E. DALLOS 2004.
[29] Mahmūd al-Kāšġarī verweist auf eine lange Geschichte unter den Türkvölkern (R. DANKOFF 1975, 72a); zu „Totengedenkfeiern" und „Leichenschmaus" bei den Türkvölkern in neuerer Zeit: E. TRYJARSKI 2001, 230-59, sowie folgendes Zitat (ebd., 137): „Bei den Tuwinern legt der Schamane ein Stück Hammelfleisch für den Toten ins Feuer und sagt: ,Du bist gestorben! Weine nicht, habe keinen Groll. Hier hast du alles,

nur äußere Formen, sondern auch einzelne Deutungen über weite Distanzen hinweg ähneln. WACŁAW SIEROSZEWSKI dokumentierte im Jahr 1887 folgende Vorstellung der Jakuten, die sich auf das Opfermahl für einen Verstorbenen bezieht:

„Damit die Seele leichter in das Reich der ewigen Ruhe gelangt und den Weg durch die unermessliche Wüste [...] zurücklegen kann, muss ein Rind [...] geschlachtet werden. Es versteht sich von selbst, dass sich ein fettes Pferd oder Stier am besten für diesen Zweck eignet. [...] Auch der ärmste Jakute zögert keinen Augenblick, das letzte Stück Vieh zur Beerdigung eines Familienmitgliedes zu schlachten... Wird jedoch bei einem reichen Jakuten ein minderwertiges Stück Vieh als ‚chajlige' geschlachtet, dann werden Geister den Verstorbenen verfolgen und rufen: ‚Was soll das, so ein schlechtes Stück Vieh [...].' Und der Verstorbene seinerseits versäumt daraufhin nicht, dies den Lebenden heimzuzahlen."[30]

Eine Uigurin aus Aqsu erklärte mir mit einer ganz ähnlichen Begründung in Bezug aufs Opferfest (*qurban heyt*), warum es wichtig sei, hier möglichst große, kräftige und gesunde Schafe zu schlachten: Die zu Lebzeiten am *qurban heyt* geopferten Tiere hälfen einem nach dem Tod, den großen und schnell strömenden Fluss zu überqueren, über den man ins Jenseits gelange; wer im Leben am Schlachtopfer gespart hat, werde nach dem Tod Mühe haben, sicher und wohlbehalten anzukommen.[31] Derartige Parallelen zeigen, dass eine überregionale religionswissenschaftliche Studie, welche die Adaption ritueller Überlieferungen und Vorstellungen in einen neuen religiösen Kontext historisch untersucht, möglicherweise vielversprechend wäre.

UNO HARVA deutet die Einladungen zu großzügigen Gastmahlen bei den Uiguren sowie das Verteilen von Besitztümern des Verstorbenen an den *molla* und die Anteilnehmenden als Transformationen ehemals direkter Opfer und Grabbeigaben für den Verstorbenen, welche mit Durchsetzung des Islams an

---

was du zum Überleben brauchst: Fleisch, Wein, Hirse, Tee.'". Opfermahle für den Toten sind bei den Mongolen und Tungusen seit dem 12. Jh. (J.-P. ROUX 1963, 121 ff.) belegt; u.a. geht aus der „Geheimen Geschichte der Mongolen" hervor, dass hier das Opfer der primäre Aspekt war: „le sacrifice aux ancêtres était accompagné d'un repas communiel" (Zit. ebd., 122).

[30] Zitat aus W. SIEROSZEWSKI, 1900: *Dwanascie lat w kraju Jakutów*, sz. 2 [Zwölf Jahre im Lande der Jakuten. Teil 2], Dzieła zbiorowe, tom 12, Warszawa. 312; die hier verwendete dt. Übersetzung der Passage stammt aus E. TRYJARSKI, 2001, 108. Siehe ferner zum Opfer von Reittieren ebd., 199-205.

[31] Leider versäumte ich nachzufragen, ob dies auch für die Opfer zu den *näzir*-Feiern gilt.

Bedeutung verloren hätten.³² Die deutlichsten Anhaltspunkte dafür, dass dieses Moment jedoch auch heute noch präsent ist, liefern Aussagen von Informanten über die Anwesenheit des *roh* beim *näzir* und die oben erläuterten Formen seiner direkten und indirekten Teilhabe am zubereiteten Mahl.³³ Auf ein Opfer, das für den Toten veräußert wurde, verweist auch der Brauch, den Kopf des zum *näzir* geschlachteten und gemeinschaftlich verzehrten Hammels ans Grab zu bringen.

Die materielle Versorgung des Toten als Intention des Mahls tritt jedoch beim uigurischen *näzir* im Vergleich zu einem klassischen „Opfer" deutlich zurück. Anknüpfend an ÉMILE DURKHEIM, der die soziale Funktion der „commensalité" oder „communion" betonte, erscheint es im Kontext der *näzir*-Feiern angemessen, den Aspekt der Mahlgemeinschaft stärker hervorzuheben – an ihr hat der *ärvah* in jedem Fall Anteil, und sie macht eine Hauptfunktion des Mahls aus.³⁴

6.4 Die Begriffe „Ahnenkult" und „Totenkult"

Die Fürsorge für die Toten, die Alltag und Feste der Uiguren begleitet und deutlich über Übergangsriten für kürzlich Verstorbene hinausgeht, als „Ahnenkult" oder „Ahnenverehrung" zu bezeichnen, erschiene mir problematisch. Zum einen ist „Verehrung" nicht unbedingt der treffendste Ausdruck für den Umgang der Uiguren mit den *ärvahlar*. Der Begriff *hürmät*, mit dem Uiguren ihr Verhältnis zu den Toten gerne beschreiben, kann sich ebenso auf ältere und respektable Lebende beziehen. Die *ärvahlar* werden nicht als Gott-heiten verstanden oder angebetet, sie besitzen keine heiligen Kultorte und sind auch keine zentralen Größen im religiösen System, so allgegenwärtig der Glaube an sie auch sein mag. Den *ärvahlar* zu dienen, gilt als Ausdruck einer ethischen Lebensweise, die zwar eng im Zusammenhang mit *din* – also mit dem Islam – gesehen wird, doch dies impliziert, dass die Menschen ihr eigenes Leben in letzter Konsequenz weniger in Abhängigkeit von den Geistern als von Gott sehen.

---

³² U. HARVA 1938, 300; zu Grabbeigaben bei den Yakuten, Altai-Kiži, Telengiten, Chakassen, Tuvinern u.a. siehe E. TRYJARSKI 2001, 194-7 sowie J.-P. ROUX 1963, 107 f.; ein Uigure erklärte mir dagegen, der Mensch solle die Welt nackt und mit leeren Händen verlassen, so wie er gekommen sei.
³³ Siehe Kap. 4.1.2 und 6.1.
³⁴ É. DURKHEIM 1960, 480-91.

Auch der neutralere Begriff „Ahnenkult" besitzt Konnotationen, die dem uigurischen Kontext fremd sind.[35] In üblicherweise so bezeichneten Systemen wie dem han-chinesischen Ahnenkult spielen Abstammungslinien eine zentrale Rolle. Das heißt einerseits, dass Riten sich auch auf entfernte Ahnen beziehen, die längst dem Gedächtnis der Lebenden entrückt sind, aber der Lineage der Kultgruppe angehören; auf der anderen Seite fallen Verstorbene aus dem Kult heraus, die keine strukturelle Bedeutung im verwandtschaftlichen System haben.[36] Unter „Ahn" verstehen die in der Ethnologie üblichen Definitionen daher einen spezifischen Status im gegebenen genealogischen System, nicht jedoch eine allgemeine Bezeichnung für Verstorbene.[37]

Selbstverständlich ist auch bei den Uiguren der Erhalt des sozialen Gefüges über den Tod hinaus von Bedeutung: Der *roh* spielt nach dem Tod weiterhin eine Rolle im diesseitigen Leben der Angehörigen und genießt in manchen Punkten formal einen ähnlichen Status wie zu Lebzeiten.[38] Hier geht es den Lebenden jedoch mehr um die Kontinuität persönlicher Verpflichtungen gegenüber dem Toten und um allgemeine Werte wie das Senioritätsprinzip und damit eng verbunden das Erweisen von dankbarer Fürsorge und *hürmät*, nicht aber um den Fortbestand der Lineage als sozio-politischer Einheit in der übergeordneten Gesellschaftsstruktur. Ein Individuum fühlt sich in erster Linie für die Verstorbenen aus seinem engsten Umfeld wie Eltern, Ehepartner und Großeltern zuständig, an die man sich persönlich erinnert; dabei werden allen Toten unabhängig von Geschlecht und Rolle im Verwandtschaftssystem dieselbe Existenzform und dieselben Bedürfnisse zugeschrieben, denen es nachzukommen gilt.

In den Zeremonien des klassischen chinesischen Ahnenkults steht mit der durch den Ahn repräsentierten Lineage letztlich die Kultgruppe selbst im

---

[35] Zu einigen strukturellen Aspekten von Ahnenkulten in verschiedenen Kulturen siehe W. H. NEWELL 1976.
[36] Vgl. S.-H. WANG 1976, 365 f.
[37] Vgl. die Definition von MEYER FORTES: „An ancestor is a named dead forebear who has living descendants of a designated genealogical class representing his continued structural relevance" (ebd. 1965, 124).
[38] So gilt etwa die Regel, für eine Heirat die Einwilligung des Vaters einzuholen, auch über dessen Tod hinaus: Traditionellerweise spricht der Bräutigam in diesem Fall zunächst Gebete (*du'a-tilavät*) am Grab seines Vaters, bevor die Zeremonien begonnen werden („*Mubada dadisi vapat bolup kätkän yigit toy qilmaqči bolsa, aldi bilän märhum dadisiniŋ topraq bešiga berip, du'a-tilavät qilip kälgändin keyin, nikah räsmiyiti begirilidu*"; Zit. A. RAXMAN 1989, 404 f.).

Zentrum der Verehrung.³⁹ In der uigurischen Gesellschaft handelt es sich dagegen bei vielen Handlungen für Verstorbene um individuelle Riten, die von einer Einzelperson ausgehen und oft auch keine weiteren lebenden Personen einbeziehen. Auf der anderen Seite schließen die großen öffentlichen Übergangsriten, nämlich die Bestattung und die *näzir*-Feierlichkeiten, nicht nur eine bestimmte Verwandtschaftsgruppe, sondern das tatsächliche soziale Umfeld des Toten und seiner Angehörigen ein.⁴⁰

Statt der Bezeichnung „Ahnenkult" verwende ich den allgemeineren Begriff „Totenkult". Versteht man mit BERNHARD LANG unter „Kult" das „gesamte rituelle Leben einer bestimmten Religion und spricht dementsprechend vom Kult der antiken römischen Religion, vom Kult der katholischen Kirche usw.",⁴¹ so ist allerdings zu betonen, dass die Konnotation eines hohen Grads von Institutionalisierung mit autoritativen Instanzen hier nicht gilt: Es gibt keinen einheitlichen, geschweige denn zentral definierten „uigurischen Totenkult", und die Verbreitung verschiedener ritueller Elemente folgt keinen einfachen geographischen, sprachlichen oder soziokulturellen Grenzen. Ferner stellt die analytische Isolation von „Totenkult" aus dem gesamtkulturellen Kontext einen problematischen und höchst künstlichen Eingriff dar. Der Bezug auf die *ärvahlar* ist eine Konstante in bedeutenden Ereignissen wie religiösen Festen und Lebenszyklusriten sowie in privaten und alltäglichen Zusammenhängen, doch gibt es im rituellen Leben der Uiguren abgesehen von Bestattung (*däpnä*) und *näzir*-Feiern keine Bündelungen primär totenkultischer Handlungen in größeren sozialen Ereignissen.⁴² Charakteristisch ist vielmehr

---

³⁹ Unabhängig von der inhaltlichen und strukturellen Verschiedenheit des chinesischen Ahnenkults und der Riten der Uiguren spricht auch deren geringe Achtung und Kenntnis chinesischer religiöser Kultur gegen eine rezente Beeinflussung auf diesem Gebiet; zu chin.-muslim. Kulturkontakten in Ostturkestan siehe G. JARRING 1991.
⁴⁰ Einige historische Ursprünge des Totenkults der Uiguren könnten jedoch auf Formen von Ahnenverehrung bei Nomadenvölkern der zentralasiatischen Steppe zurückzuführen sein; (vgl. J.-P. ROUX, der sich ausführlich mit dem Begriff „ancestrolatrie" auseinandersetzt: ebd. 1963, 117-131). Die patrilinear vererbten Territorien und Weiderechte waren und sind in vielen Gebieten auch heute die politische und ökonomische Existenzgrundlage der Kultgruppe, die den Stammesahnen rituelle Verehrung und Produkte der Weidewirtschaft als reziproke Leistungen darbringt; R. HAMAYON beschreibt diesen Typus der Ahnenverehrung unter Hirtennomaden als „pastoral shamanism" (1994, 81-5); siehe auch D. A. DEWEESE 1994, 39-50, 210-21.
⁴¹ Zit. B. LANG 1993, 475.
⁴² Die Riten und Praktiken, die hier als ein Thema zusammengefasst wurden, sind auch in den ethnographischen Kompendien von A. RAXMAN 1989, A. RAXMAN/R. HÄMDULLA/Š. XUŠTAR 1996 und HÄBIBULLA 2000 auf verschiedene Kapitel zu religiösem

die Allgegenwart und gleichzeitige Dezentralität der *ärvahlar* im religiösen System. An die Totengeister gerichtetes rituelles Handeln wird im Uigurischen jeweils in Abhängigkeit vom Einzelfall umschrieben, aber nicht als eine Einheit unter einem übergeordneten Begriff zusammengefasst. „Uigurischer Totenkult" ist somit lediglich ein Arbeitsbegriff.

6.5 „Kontextualisierter Islam" und soziale Heterogenität

Zwar ist der Umgang mit den Toten bei den Uiguren maßgeblich vom Islam geprägt, doch enthält er offenkundig auch Elemente, die zumindest nicht als genuin „islamisch" bezeichnet werden können. Die Beziehungen zwischen verschiedenen Einflüssen und Überlieferungen sind dabei nicht in eindimensionalen Schemata von Dominanz und Unterordnung des einen oder anderen Traditionsstrangs zu beschreiben. Religionsgeschichtlich vorstellbare Grundmuster sind etwa die Neuinterpretation alter Riten, die Übernahme neuer Riten als Ausdrucksmittel für alte Vorstellungen oder die komplementäre Adaption unterschiedlicher, synchroner Deutungskontexte; in der Praxis handelt es sich wohl meist um komplexe Kombinationen derartiger Prozesse. Die Suche nach kulturhistorischen Erklärungen steht hier allerdings nicht im Zentrum, sondern vielmehr soll gefragt werden, welche Elemente was für einen Stellenwert in der uigurischen Religion einnehmen und wie sie von den Akteuren zueinander in Bezug gesetzt werden.

Bisweilen scheinen lokale Interpretationen widersprüchlich zu klassischen islamischen Überlieferungen zu sein. Mich erstaunte, dass auch praktizierende Muslime im Zusammenhang mit den *ärvahlar* kaum auf deren Schicksal am Jüngsten Tag zu sprechen kamen; stets schien es um ihr Wohlergehen an einem „diesseitigen" Aufenthaltsort zu gehen. Auch die Möglichkeit, dass ein von den Angehörigen vergessener *ärvah* verhungert und stirbt, wirft für eine islamische Deutung Fragen auf.

OMAR vertrat in einem ähnlichen Zusammenhang die Ansicht, die islamische Theologie sei den Uiguren zu wenig präsent und daher wenig relevant.[43] Dies kann jedoch keine hinreichende Erklärung sein. Zwar mag die unterschiedlich starke Islamisierung der Bevölkerung ein Faktor sein, der zur kulturellen Heterogenität Ostturkestans beiträgt, doch gibt es die Auseinandersetzung mit „orthodoxem" Islam durchaus: Uigurische Buchläden verfügen

---

Brauchtum und traditionellen Festen verteilt und werden nicht etwa unter einer eigenen Überschrift abgehandelt.
[43] Persönliches Gespräch mit D. OMAR.

seit einigen Jahren über ein breites Spektrum von Übersetzungen religiöser Schriften aus dem Arabischen und Geistliche wenden sich verstärkt der religiösen Bildung der Bevölkerung zu.[44] Unabhängig davon spielt die muslimische Anthropologie und Jenseitslehre auch im ganz traditionellen Bestattungsritual durchaus eine wesentliche Rolle: Ein Großteil der zentralen Riten, die sich unmittelbar an den Tod anschließen, beziehen sich direkt auf das Konzept von *ğännät* und *ğähännäm/dozax* und sollen der Erleichterung des Verstorbenen von Sünden und dessen Eingang ins Paradies dienen. In den darüber hinausgehenden fortdauernden Formen des Totenkults und in der häuslichen Versorgung des *ärvah* durch die Angehörigen ist jedoch dessen Diesseitsbezug von weitaus größerer Bedeutung.

MAURICE BLOCH entwickelte einen Ansatz, nach dem Totenkulte häufig zwei verschiedene Ebenen umfassen, denen auch zwei verschiedene Aspekte der jeweiligen Personenkonzepte entsprechen: zum einen die Person als Individuum und zum andern die „holistic person" als Teil der Gesellschaft.[45] So sei etwa im muslimischen Süd-Somalia die Individualität einer Person derjenige Teil, „which awaits the apocalyptic religious resurrection in the land of the dead and it is that which goes to face God alone".[46] Die „holistic person" dagegen existiere als Teil ihrer soziokulturellen Einheit weiter. Der binäre Aspekt des Toten ist bei den Somali deutlich an einer rituellen Arbeitsteilung der religiösen Spezialisten ablesbar: „One official is concerned with the graves of the ancestors and with obtaining the blessing of the ancestors, the other official is concerned with God and the mosque."[47]

Die individuelle Seite der Person, für die bei den Somali der Islam zuständig sei, umfasst laut BLOCH auch deren ethisch-moralische Identität. Auf den uigurischen Kontext übertragen wäre lediglich für diesen Teil der Person, der im Laufe des Lebens Sünden und Verdienste gesammelt hat, das

---

[44] Vgl. E. WAITE 2006, 259-62.
[45] BLOCH argumentiert damit gegen die Einteilung ganzer Gesellschaften in holistisch und individualistisch geprägte (etwa durch L. DUMONT 1985: „A Modified View of Our Origins: the Christian Beginnings of Modern Individualism", in: M. CARRITHERS u.a., *The Category of Person: Anthropology, Philosophy, History*).
[46] Zit. M. BLOCH 1988, 19. Diese Sichtweise verleiht auch dem Begriff der „Trennungsriten" im Zusammenhang mit dem Tod eine eigene Konnotation: „The world religions bury the individual and send him to God and out of the social world. At the same time this expulsion purifies that part of the person which continues on earth [...]." (Zit. ebd., 20); „The distinction between the two aspects of the person is indeed demonstrated by the complexity of funerals which seek to sort out the different elements of the person." (Zit. ebd., 25).
[47] Zit. M. BLOCH 1988, 20.

jenseitige Schicksal nach islamischer Lehre relevant, während der *ärvah* weiterhin ein Teil der Gemeinschaft bliebe. Tatsächlich scheint der uigurische Totenkult hier wie der somalische auf verschiedenen, komplementären Ebenen zu operieren, auch wenn diese in ihren einzelnen Aspekten nicht in denselben Relationen zueinander stehen wie in den von BLOCH illustrierten Fällen und außerdem enger ineinander greifen. Der häusliche Totenkult wird bei den Uiguren nicht als getrennt vom Islam verstanden und praktiziert; die Differenzierung verschiedener Sphären ritueller Handlungen ist hier weniger offensichtlich und zugleich komplexer.[48] Auch die Trennlinie zwischen beiden Persönlichkeitsaspekten ist schwer zu definieren und kaum fassbar: Die *ärvahlar* sind keineswegs vollständig „de-individualized", und ein explizit binäres Seelenkonzept ist nicht verbreitet.[49] In BLOCHs Beispielen wird die individuelle Charakterausprägung einer Person mit den matrilinearen Bindungen identifiziert, die „holistic side" dagegen, die als „ancestor" weiterlebt, mit der patrilinearen Abstammung.[50] Bei den Uiguren ist jedoch die Tatsache, dass die Rituale der Sündenminderung des Verstorbenen bei der Bestattung von Männern ausgeführt werden, nicht etwa im Umkehrschluss auf ein paralleles Muster zurückzuführen. Eine Zuordnung der persönlichen Charakterausformung zur männlichen oder weiblichen Abstammungslinie bei den Uiguren ist mir nicht bekannt; wie bereits erläutert, scheinen die Genderzuordnungen in diesem Kontext weniger auf das Personenbild Bezug zu nehmen, als vielmehr gesellschaftliche Strukturen und Prestigekonzepte auszudrücken.[51]

Trotz dieser Einschränkungen kann BLOCHs Ansatz helfen, den konstruktiven Charakter der gleichzeitigen Existenz divergierend erscheinender Vorstellungen nachzuvollziehen: Es handelt sich dabei weniger um konkurrierende als in erster Linie um, komplementäre Systeme, deren Mehrdi-

---

[48] In einem Fall aus Süd-Somalia, den BLOCH u.a. zugrunde legt, bilden die Wertideologie des Alltags und die Aufgaben der muslimischen Ritualspezialisten getrennte Bereiche (B. HELANDER 1988, 113 f.), was so für die Uiguren insgesamt nicht behauptet werden kann.
[49] Vgl. SVEN CEDERROTH, auf den BLOCH sich u.a. bezieht, über die Sasak in Indonesien: „Through the mortuary rites, the dead person is de-individualized and becomes a member of the local ancestor corpus, i.e. the dead looses all individual characteristics and is henceforth blurred among the amorphous mass of long forlorn ancestors"; (ebd. 1988, 55). Die Totengeister der Uiguren dagegen können den Lebenden als Personen erscheinen, und in Riten werden ihre individuellen Lieblingsspeisen berücksichtigt. Die Unterscheidung zwischen *ǧan* und *roh* geschieht auf einer anderen Ebene (das *ǧan* überdauert den Tod nicht) und verläuft in ihren Zuschreibungen nicht parallel zu dem von BLOCH erläuterten binären Konzept (vgl. Kap. 3.1).
[50] M. BLOCH 1988, 19-26.
[51] Siehe Kap. 5.

mensionalität nicht als zufälliges Konglomerat bloßer „Relikte" verstanden werden kann.[52]

Alle Uiguren, denen ich begegnet bin, wollten sich als Muslime verstanden wissen, und niemand leugnete mir gegenüber die Existenz Gottes (*xuda* bzw. *alla*) oder gab sich als Atheist (*dinsiz*) aus. Viele aber bezeichneten sich als „nicht fromm" (*dindar ämäs*), befolgen nach einigen Angaben die zentralen religiösen Gebote nicht oder legen diese sehr frei aus, beten kein *namaz* und haben im Ramadan noch nie gefastet. Häufig wurde diese Einstellung mit dem stolzen Hinweis, Uiguren seien eben keine strengen, sondern „freie" (*ärkin*) Muslime, als Bestandteil der nationalen Identität dargestellt. Allerdings drückten ausnahmslos alle meiner Informanten einen großen Ernst bezüglich der Verantwortung für die Toten aus. Riten für die *ärvahlar* gehören ebenso unverbrüchlich zu den Werten der Alltagsgesellschaft wie der Ausdruck von *hürmät* gegenüber lebenden Älteren und die Verantwortung für Angehörige: während sie als Teil von *din* betrachtet werden, gelten sie genauso auch als Ausdruck uigurischer Traditionen (*örp-adät*) und sozialer Werte. Zwar zeigen die Riten – etwa durch begleitende Koranlesungen – die allgegenwärtige Integration des Islams in die lokalen Traditionen, doch spielt das islamische Konzept vom Jüngsten Tag kaum eine Rolle, wenn vom Verhältnis der Lebenden zu den *ärvahlar* die Rede ist. Während hier persönliche Verpflichtungen und soziale Bindungen die Hauptaspekte sind, rückt die Vorstellung von *ğännät* und *ğähännäm* vornehmlich im Kontext der Bestattung ins Zentrum. In gewisser Hinischt kann also durchaus von verschiedenen konzeptuellen Bezugsrahmen je nach rituellem Kontext gesprochen werden.

Zum Verhältnis von Islam und außerislamischen Elementen bei den Uiguren schreibt BELLÉR-HANN: „I argue that a hundred years ago the integration of Islamic and non-Islamic practices was already deep enough to be indiscernible

---

[52] BLOCH betont, dass solche Aufteilungen nicht nur dort existieren, wo lokale Traditionen durch eine „Weltreligion" ergänzt werden, auch wenn der duale Charakter der Riten in solchen Fällen deutlicher zutage tritt: „Where world religions are present this duality is sometimes evident in such rituals as funerals where a kind of division of labour between the world religion and religious practices not directly linked with it occurs. In such cases it is easy to assume that this division can only be explained by the overlay of "ethical" beliefs brought by the world religion as a later introduction on a pagan non-ethical basis. [...] Such views have, however, been shown to be unacceptable because all aspects of the religious systems [...] mutually define each other [...]. There is no need to invoke ad hoc historical explanations for a phenomenon which is almost universal [...]"; Zit. ebd. 1988, 25; siehe auch S. CEDERROTH 1988, 56.

for practitioners".[53] Eine Darstellung des Totenkults als Zusammensetzung heterogener Elemente sei damit zwar vor dem Hintergrund der historischen Perspektive relevant, weniger aber vor dem der religiösen Praxis. BRUCE G. PRIVRATSKY beschreibt die Religion der Kasachen mit einem Modell der „contextualisation of Islam" in einen regionalen und kulturellen Gesamtzusammenhang. Wenngleich er zeigt, dass es durchaus emische Unterscheidungen zwischen verschiedenen Sphären religiöser Praxis gibt, skizziert PRIVRATSKY das Gesamtsystem doch als ein spannungsfrei integriertes Ganzes aus verschiedenen komplementären Elementen.[54]

Meinen Eindrücken nach entspricht die Idee eines „kontextualisierten Islams" dem Bild, das auch viele Uiguren zunächst einmal von ihrer Religion haben, welche sie als zugleich islamisch-universal und uigurisch-traditionell verstehen. Wie oben gezeigt, entstehen in manchen Punkten, bei denen von außen gesehen Widersprüche zutage treten, in der Praxis tatsächlich kaum Reibungspunkte.[55] Auf anderen Ebenen wiederum zeigt sich jedoch, dass in der emischen Perspektive durchaus zwischen verschiedenen religiösen Domänen unterschieden wird, die keineswegs gleichwertig nebeneinander stehen.[56] An die unterschiedlichen Bereiche der rituellen Praxis werden verschiedene Muster der Differenzierung gelegt, in denen die innere Heterogenität des Konstrukts „uigurischer Islam" sich nicht nur auf religiös-konzeptueller, sondern vor allem auch auf sozialer Ebene manifestiert: Rituelle Grenzziehungen markieren weniger die inhaltlichen Widersprüche zwischen verschiedenen religiösen Konzepten, sondern dienen vielmehr der Reproduktion von Status und gesellschaftlicher Hierarchisierung. Zuordnungstendenzen, die sich in Performanz und emischen Zuschreibungen religiöser Praktiken herauskristallisieren, konstruieren eine Hierarchie, an deren einem Ende ein normativer Islam steht, der – verkürzt auf einen Nenner gebracht – durch die Assoziation mit dem männlichen Geschlecht markiert ist, und am anderen Ende der Umgang mit Geistern, tendenziell assoziiert mit Weiblichkeit.

Durch die Agitation religiöser Reformer, die sich bestrebt erklären, den Islam von „Aberglaube" und lokalen „Verfälschungen" zu bereinigen, gewinnen Differenzierungen zwischen verschiedenen Traditionen des uigurischen Islams in gegenwärtigen Diskursen an Prägnanz.[57] Zugleich spielt auch

---

[53] Zit. I. BELLÉR-HANN 2001a, 10.
[54] B. G. PRIVRATSKY 2001, 7-19; 237-47.
[55] Hiermit soll nicht ausgeschlossen werden, dass reformistisch orientierte islamische Kreise mit derartigen Widersprüchen auch anders verfahren.
[56] Siehe Kap. 5.2; 5.3.
[57] Siehe E. WAITE 2006, 259-62; T. ZARCONE 2001, 157-64.

der Druck staatlicher Behörden eine Rolle bei der Herstellung des Normativen.[58] Religion in Ostturkestan ist damit ein besonders spannungsreiches Feld der Aushandlung religiöser Praktiken und Orientierungen. Die Frage, welche Formen von „Islam" sich unter der gegenwärtigen staatlichen Politik behaupten werden, ist zugleich in hohem Maße entscheidend für die zukünftigen Möglichkeiten kultureller Identität bei den Uiguren.

---

[58] E. WAITE 2006, 257 f.; I. BELLÉR-HANN 1997, 106.

ZUSAMMENFASSUNG

Die vorliegende Arbeit widmete sich dem Versuch, Konzepte von den Geistern der Toten und die damit in Zusammenhang stehenden Riten in religiösen und sozio-kulturellen Kontexten der uigurischen Gesellschaft zu umreißen. Der Bezug auf die *ärvahlar* bei verschiedensten Gelegenheiten verleiht dem täglichen Leben an zentralen Punkten religiöse Bedeutung und macht *din* zu einer konkreten Praxis alltäglicher Werte. Als fester Bestandteil der Religionsausübung erweist sich der Totenkult zudem als aufschlussreicher Ausgangspunkt für die allgemeine Untersuchung von Glaubensvorstellungen und rituellen Komplexen wie Heiligenkulten und traditionellem Heilen im uigurischen Islam.

Die Auffassung, dass der *roh* des Menschen sich beim Tod vom Körper trennt und weiterexistiert, ist zentral für den Umgang der Uiguren mit ihren Verstorbenen. Die Riten im Zusammenhang mit Sterben und Tod beziehen sich einerseits auf das Ende der bisherigen Existenzform, bei dem nach der islamischen Jenseitslehre eine moralische Bilanz gezogen wird, und gleichzeitig auf das Weiterleben des *roh*, der nach wie vor Anteil an der Sphäre der Lebenden hat. Die dem Bestattungszeremoniell folgenden Trauerfeierlichkeiten inszenieren die Ankunft des Verstorbenen in seinem neuen Status als *ärvah*. Darüber hinaus werden im Rahmen von Festen wie auch im täglichen Leben weiterhin regelmäßig Riten für die Geister der Toten ausgeführt. Die wichtigsten darunter sind Gebete und Fürbitten, Koranrezitationen und Formen der „Ernährung". In letzteren drücken sich die Bedürfnisse der *ärvahlar* auch auf einer materiellen Ebene aus, die allgemein im Kontext des sozialen Lebens steht und häufig im engeren Rahmen von Familie und Haushalt. Die Präsenz des Todes und der Toten ist somit nicht auf eine abgetrennte „sakrale" Sphäre beschränkt, sondern vielmehr prägt der Totenkult umgekehrt die Räume der Alltagskultur.

Der *ärvah* bleibt der Gemeinschaft erhalten, ist auf ihre Fürsorge angewiesen und bildet für sie umgekehrt eine wichtige Verbindung zu Gott. In seiner postmortalen Existenz erhält der *roh*, der laut einer Informantin als derjenige Teil des Menschen gilt, der Gott am nächsten ist, einen stetigen Platz im privaten religiösen Leben der Hinterbliebenen. Dies kommt in den Bitten der Lebenden um den Beistand der Toten für ihre Belange und in besonderer Form in der Verehrung der *ävliyalar* zum Tragen. BELLÉR-HANN schreibt hierzu: „Most dealings with the supernatural are conceived in terms of encounters with the spirits of the dead, either as potential helpers or, when angered or neglected, as potential wrong-doers who need to be pacified and appeased."[1] Der Umgang mit den Geistern Verstorbener ist somit keine isolierbare Facette religiöser Ausdrucksformen, sondern mit dem Glaubenssystem und der gesellschaftlichen Ideologie untrennbar verwoben; im Beistand der *ärvahlar* für die Lebenden, in der Idee ihrer diesseitigen Präsenz, im Erhalt familiärer Beziehungen und im Ausdruck sozialer Werte zeigen sich diesseitsbezogene Aspekte des Totenkults, welche den „uigurischen Islam" ausmachen.

Der Glaube an eine Verantwortung der Lebenden für die Toten ist eine Konstante, die in der uigurischen Gesellschaft in keiner Abhängigkeit von Faktoren wie Bildungsgrad, sozialer Schicht oder Geschlecht steht. Trotz großer Übereinstimmungen im zugrunde liegenden Wertesystem ist die Bezeichnung „uigurischer Totenkult" allerdings nur bedingt aussagekräftig. Zum einen ist die Idee einer uigurischen Ethnie relativ neu und das Attribut „uigurisch" als analytische Abgrenzung ungenau und irreführend: Quellen und religionsgeschichtliche Sekundärliteratur verweisen auf zahlreiche und wesentliche Parallelen etwa zu Konzeptionen und Riten der ebenfalls islamisierten Kasachen, Usbeken und Kirgisen, vor deren Hintergrund die ethnische Grenzziehung willkürlich erscheint. Zum anderen weist der Bereich des Totenkults innerhalb des uigurischen Kontexts Ansätze für weitere Differenzierungen auf, etwa die kaum erforschte Vielfalt regionaler Bräuche oder die verschiedenen Diskurse zu zulässigen oder nicht zulässigen Formen.

Auf einer weiteren Ebene zeigt sich aber auch die Abhängigkeit religiöser Praxis vom sozialen Status der Akteure. An der Essenskultur lassen sich einige zentrale Zuordnungen des uigurischen Gendersystems – einem grundlegenden Element gesellschaftlicher Organisation – aufzeigen. Als soziales Phänomen spiegelt die Essenskultur Grundmuster der Genderdifferenzierung wider, die auch dort gelten, wo Nahrung rituell als Medium im Umgang mit den *ärvahlar* verwendet wird. Die auf dieser Ebene decodierbaren Assoziationen einzelner Riten mit den Geschlechtern korreliert mit den prinzipiellen Mustern der normativen Rollenverteilung: Männer übernehmen eher gesamtgesellschaftliche und repräsentative Funktionen und sind dem öffentlichen Raum zugeordnet. Die Sphäre der Frauen beschränkt sich dagegen idealtypischerweise auf den Haushalt und gilt als derjenigen der Männer an Bedeutung nachgeordnet. Frauen werden tendenziell aus sakralen Räumen und von zentralen Bestandteilen der Lebenszyklusriten ausgeschlossen. Ihre gleichwohl rege

---

[1] Zit. I. BELLÉR-HANN 2001a, 12.

religiöse Praxis erhält in mehrfacher Hinsicht einen peripheren Status: Sie ist weniger Teil der Öffentlichkeit, integriert tendenziell mehr „heterodoxe" Elemente und besitzt durch ihre vorrangige Gebundenheit an persönliche Anlässe und engere soziale Rahmen sowie durch das Fehlen von festen Institutionen wie der Moschee einen informelleren und weniger repräsentativen Charakter.

Der in der uigurischen Gesellschaft „kontextualisierte Islam" lässt sich zwar in mancherlei Hinsicht als integrierte Einheit beschreiben, beinhaltet aber ebenso auch Spannungen und Widersprüche, die in Praktiken sozialer Differenzierung – etwa zwischen den Geschlechtern – kontinuierlich aufrechterhalten und reproduziert werden. So dynamisch, vielschichtig und kontextabhängig wie derartige soziale Prozesse sind damit letztlich auch die verschiedenen Formen von „uigurischem Totenkult".

Transkription des Uigurischen

a	ئا	ž	ژ	n	ن
ä	ئە	s	س	h	ه
b	ب	š	ش	o	ئو
p	پ	ġ	غ	u	ئۇ
t	ت	f	ف	ö	ئۆ
ǧ	ج	q	ق	ü	ئۈ
č	چ	k	ك	v	ۋ
x	خ	g	گ	e	ئې
d	د	ŋ	ڭ	i	ئى
r	ر	l	ل	y	ي
z	ز	m	م		

LITERATURVERZEICHNIS

Verwendete Abkürzungen

CAS   Central Asian Survey
EI^2 Encyclopedia of Islam
HrwG   Handbuch religionswissenschaftlicher Grundbegriffe

Nachschlagewerke

Arabisches Wörterbuch für die Schriftsprache der Gegenwart. Arabisch – Deutsch, HANS WEHR, neu bearb. u. erw., Wiesbaden: Harrassowitz, ^{5}1985 (1952).
Dictionnaire de l'ethnologie et de l'anthropologie, PIERRE BONTE; MICHEL IZARD (Hrsg.), Paris: Quadrige, ^{2}2002 (1991).
Encyclopaedia of Islam, New Edition, C. E. BOSWORTH; E. VAN DONZEL, u.a. (Hrsg.): Leiden: E. J. Brill, 1960-. (Abgekürzt als EI²).
The English-Uighur Dictionary with Explanations. Inglizčä – uyġurčä izahliq luġät, KHADIR KHAWUZ, Ürümči: Šinǵaŋ pän-texnika sähiyä näšriyati, 2002.
Handbuch religionswissenschaftlicher Grundbegriffe, HUBERT CANCIK; BURKHARD GLADIGOW u.a. (Hrsg.), 5 Bde., Stuttgart u.a.: Kohlhammer, 1988-2001. (Abgekürzt als HrwG).
Persisch-Deutsches Wörterbuch, HEINRICH F. J. JUNKER; BOZORG ALAVI, Leipzig: VEB Verlag Volksenzyklopädie, 1965.
Uyġurčä – inglizčä luġät. A Concise Uighur-English Dictionary, DANIEL ST. JOHN (Hrsg.), Ürümči: Šinǵaŋ xälq näšriyati, 1997.
Wörterbuch der Völkerkunde, WALTER HIRSCHBERG (Hrsg.), Berlin: Dietrich Reimer Verlag, 1999.

Aufsätze und Monographien

ABDESSELEM, M. 1990: Art. „Mawt", EI^2, Bd. vi, 910 f.
ACAR, FERIDE; GÜNES-AYATA, AYŞE (Hrsg.) 2000: *Gender and Identity Construction. Women of Central Asia, the Caucasus and Turkey.* Leiden u.a.: Brill.

AHMAD, MUNIR D.; SCHIMMEL, ANNEMARIE u.a. (Hrsg.) 1990: *Der Islam. Band III: Islamische Kultur – zeitgenössische Strömungen – Volksfrömmigkeit.* Stuttgart u.a.: Kohlhammer.

ALEKSEEV, N. A. 1987: *Schamanismus der Türken Sibiriens. Versuch einer vergleichenden arealen Untersuchung.* Hamburg: Schletzer. [1984: Šamanizm tjurkojazyčnych narodov Sibiri. Opyt areal'nogo sravnitl'nogo issledovanija. Novosibirsk: Izd Nauka]

ARDENER, SHIRLEY (Hrsg.) 1981: *Women and Space. Ground Rules and Social Maps.* New York: St. Martin's Press.

ASAD, TALAL 1986: *The Idea of an Anthropology of Islam.* Washington DC: Center of Contemporary Arab Studies, Georgetown University.

BAJALIJEWA, TOKTOBJUBJU DSHUNUSCHAKUNOWA 2002: *Vorislamische Glauben der Kirgisen.* Berlin: Reinhold Schletzer Verlag. [1972: Doislamskije werowanija i ich pereshitki u kirgisow. Frunse: Izd. Ilim]

BALDICK, JULIAN 2000: *Animal and Shaman. Ancient Religions of Central Asia.* London – New York: I. B. Tauris.

BARTHOLD, W. 1945: *Histoire des Turcs d'Asie Centrale.* Paris: Libraire d'Amerique et d'Orient.

BASILOV, V. 1976: „Shamanism in Central Asia", in: A. BHARATI (Hrsg.), *The Realm of the Extra-Human.* The Hague u.a.: Mouton.

— 1984: „The chiltan Spirits", in: M. HOPPÁL (Hrsg.), Bd. II., 253-67.

BAŞTUĞ, SHARON; HORTAÇSU, NURAN 2000: „The Price of Value: Kinship, Marriage and Metanarratives of Gender in Turkmenistan", in: F. ACAR; A. GÜNES-AYATA, 117-40.

BECQUELIN, NICOLAS 2004: „Criminalizing Ethnicity: Political Repression in Xinjiang", *China Rights Forum* 1, 39-46.

BELLÉR-HANN, ILDIKÓ 1997: „The Peasant Condition in Xinjiang", *The Journal of Peasant Studies* 24/4, 87-112.

— 1998: „Work and Gender among Uighur Villagers in Southern Xinjiang", *Cahiers d'Études sur la Méditerranée Orientale et le Monde Turco-Iranien* 25, 93-114.

— 1999: „Women, Work and Procreation Beliefs in two Muslim Communities", in: P. LOIZOS; P. HEADY, 113-37.

— 2001a: „'Making the Oil Fragrant' – Dealings with the supernatural among the Uyghur in Xinjiang", *Asian Ethnicity* 2/1, 9-23.

— 2001b: „Rivalry and Solidarity among Uyghur Healers in Kazakhstan", *Inner Asia* 3, 73-98.

— 2004a: „The Micropolitics of a Pilgrimage", in: G. RASULY-PALECZEK; J. KATSCHNIG, 325-38.

— 2004b: „Uyghur healers", in: M. N. WALTER; E. J. N. FRIDMAN, 642-646.
BERGER, ARTHUR; BADHAM, PAUL u.a. (Hrsg.) 1989: *Perspectives on Death and Dying. Cross-Cultural and Multi-Disciplinary Views*. Philadelphia: The Charles Press.
BETTERIDGE, ANNE H. 1980: „The Controversial Vows of Urban Muslim Women in Iran", in: N. FALK; R. M. GROSS, 141-55.
BHARATI, AGEHANANDA (Hrsg.) 1976: *The Realm of the Extra-Human*. The Hague u.a.: Mouton.
BIVAR, DAVID 1966: Kap. 4, „Der Aufstieg des Islams", Übers. aus d. Engl., in: G. HAMBLY, 73-88.
BLOCH, MAURICE 1988: „Introduction: Death and the Concept of a Person", in: S. CEDERROTH u.a., 11-29.
BOURDIEU, PIERRE 1976: *Entwurf einer Theorie der Praxis auf der ethnologischen Grundlage der kabylischen Gesellschaft*. Frankfurt am Main: Suhrkamp.
[1972: Esquisse d'une Théorie de la Pratique, précédé de trois études d'ethnologie kabyle. Geneva: Droz S. A.]
BROMBERGER, CHRISTIAN 1994: „Eating Habits and Cultural Boundaries in Northern Iran", in: S. ZUBAIDA; R. TAPPER, 185-201.
CEDERROTH, SVEN; CORLIN, CLAES; LINDSTRÖM, JAN (Hrsg.) 1988: *On the Meaning of Death. Essays on Mortuary Rituals and Eschatological Beliefs*. Stockholm: Almqvist & Wiksell Internat.
CEDERROTH, SVEN 1988: „Pouring Water and Eating Food: On the Symbolism of Death in a Sasak Community on Lombok, Indonesia", in: S. CEDERROTH u.a., 39-61.
CESÀRO, MARIA C. 2000: „Consuming identities: food and resistance among the Uyghur in contemporary Xinjiang", *Inner Asia* 2, 225-238.
CHAMBERT-LOIR, HENRI; GUILLOT, CLAUDE (Hrsg.) 1995: *Le culte des saints dans le monde musulman*. Paris: École française d'Extrême-Orient.
CHODKIEWICZ, MICHEL 1995: „La sainteté et les saints en islam", in: H. CHAMBERT-LOIR u.a., 13-32.
DALLOS, EDINA 2004: „Shamanism or Monotheism? Religious Elements in the Orkhon Inscriptions", *Shaman* 12/1-2, 63-84.
DAVUT, RAHILÄ 2001: *Uyġur mazarliri* [Uigurische Mazare]. Ürümči: Šinǧaŋ Xälq Näšriyati.
DELABY, LAURENCE 1993: „Esprits époux d'enfants", *Études mongoles et sibériennes* 24, 37-51.
DEWEESE, DEVIN 1994: *Islamization and Native Religion in the Golden Horde*. Pennsylvania: Pennsylvania Univ. Press.

DOUGLAS, MARY 1966: *Purity and Danger*. London – Henley: Routledge & Kegan Paul.

— 1979: „Les structures du culinaire" [„Structures of Gastronomy"], *Communications* 31, 145-70.

DRAGADZE, TAMARA 1981: „The Sexual Division of Domestic Space among two Soviet Minorities: The Georgians and the Tadjiks", in: S. ARDENER, 158-67.

DU SHAOYUAN 1995 : „Pratiques chamaniques des Ouïgours du Xinjiang", *Études mongoles et sibériennes* 25, 41-62.

DURKHEIM, ÉMILE ⁴1960 (1912): *Les formes élémentaires de la vie religieuse. Le système totémique en Australie*. Paris: Presses Universitaires de France.

DWYER, ARIENNE M. ²2006 (2005): *The Xinjiang Conflict: Uyghur Identity, Language Policy, and Political Discourse*. Washington, DC: East-West Center.

FALK, NANCY; GROSS, RITA M. (Hrsg.) 1980: *Unspoken Worlds. Women's Religious Lives in Non-Western Cultures*. San Francisco u.a.: Harper & Row.

FATHI, HABIBA 1997: „Otines. The Unknown Women Clerics of Central Asian Islam", *CAS* 16, 27-43.

FITZGERALD, THOMAS K. (Hrsg.) 1977: *Nutrition and Anthropology in Action*. Assen – Amsterdam: Van Gorcum.

FLETCHER, JOSEPH F. 1995: „The Naqshbandiyya in Northwest China", in: B. F. MANZ, 3-46.

FOLTZ, RICHARD C. 1999: *Religions of the Silk Road. Overland Trade and Cultural Exchange from Antiquity to the Fifteenth Century*. New York: St. Martin's Press.

FORTES, MEYER ²1970 (1943): *Time and Social Structure and Other Essays*. London: Athlone Press.

— ²1970 (1943): „The Significance of Descent in Tale Social Structure", in: M. FORTES, 33-66.

FREEDMAN, ROBERT L. 1977: „Nutritional Anthropology: An Overview", in: T. K. FITZGERALD, 1-23.

FRIEDERICH, MICHAEL 1995: *Ostturkestan? – Xinjiang? – Uyghurestan?* Köln: Bundesinst. für ostwissenschaftliche und internationale Studien.

FRIEDL, ERIKA 1980: „Islam and Tribal Women in a Village in Iran", in: N. FALK; R. M. GROSS, 159-73.

FULLER, GRAHAM E.; LIPMAN, JONATHAN N. 2004: „Islam in Xinjiang", in: S. F. STARR, 320-52.

GELLNER, ERNEST (Hrsg.) 1980: *Soviet and Western Anthropology*. New York: Columbia Univ. Press.

GENNEP, ARNOLD VAN 1909: *Les rites de passage*. Paris: Émile Nourry.

GLADNEY, DRU C. 1990: „The Ethnogenesis of the Uighur", *CAS* 9/1, 1-28.
— 1991: *Muslim Chinese. Ethnic Nationalism in the People's Republic.* Cambridge, Mass. – London.
GOLDEN, PETER B. 1992: *An Introduction to the History of the Turkic Peoples.* Wiesbaden: Otto Harrassowitz.
GOODY, JACK 1982: *Cooking, Cuisine and Class. A Study in Comparative Sociology.* Cambridge u.a.: Cambridge Univ. Press.
GROSS, JO-ANN 1992: *Muslims in Central Asia. Expressions of Identity and Change.* Durham u.a.: Duke Univ. Press.
HÄBIBULLA, ABDURÄHIM ²2000 (1993): *Uyġur Etnografiyasi* [Ethnographie der Uiguren]. Ürümči: Šinġaŋ Xälq Näšriyati.
HAMAYON, ROBERTE 1994: „Shamanism in Siberia: From Partnership in Supernature to Counter-power in Society", in: N. THOMAS; C. HUMPHREY, 76-89.
HAMBLY, GAVIN (Hrsg.) 1966: *Zentralasien.* Fischer Weltgeschichte Bd. 16; Frankfurt am Main: Fischer Taschenbuch Verlag.
— 1966: Kap. 9, „Das Reich des Tschaghatai", Übers. aus d. Engl., in: G. HAMBLY, 140-51.
HARVA, UNO 1938: *Die religiösen Vorstellungen der altaischen Völker.* Helsinki: Suomalainen Tiedeakatemia. [1933: Altain suvun uskonto. Porvoo: USWY]
HASENFRATZ, HANS-PETER 2001: Art. „Totenkult", *HrwG*, Bd. v, 234-43.
HELANDER, BERNHARD 1988: „Death and the End of Society: Official Ideology and Ritual Communication in the Somali Funeral", in: S. CEDERROTH u.a., 113-35.
HESSE, KLAUS 2001: Art. „Schamanismus", *HrwG*, Bd. v, 30-42.
HOPPE, THOMAS ²1998 (1995): *Die ethnischen Gruppen Xinjiangs: Kulturunterschiede und interethnische Beziehungen.* Hamburg: Inst. für Asienkunde.
HUBERT, HENRI; MAUSS, MARCEL 1899: „Essai sur la nature et la fonction du sacrifice", *Année sociologique* 2, 29-138.
HUMPHREY, CAROLINE 1980: „Theories of North Asian shamanism", in: E. GELLNER, 243-54.
— 1997 (1994): „Shamanic Practices and the State in Northern Asia: Views from the Center and Periphery", in: N. THOMAS; C. HUMPHREY, 191-228.
JARRING, GUNNAR 1961: „A Note on Shamanism in Eastern Turkestan", *Ethnos* 26/1-2, 1-4.
— 1979-80: *Matters of Ethnological Interest in Swedish Missionary Reports from Southern Sinkiang.* Lund: Publications of the Royal Society of Letters.
— 1991: *Culture Clash in Central Asia. Islamic Views on Chinese Theatre.* Stockholm: Almqvist & Wiksell International.

JOHANSEN, ULLA 1999: „Further Thoughts on the History of Shamanism", *Shaman* 7/1, 40-58.
— 2003: „Shamanistic Philosophy: Soul – A Changing Concept in Tyva", *Shaman* 11/1-2, 29-49.
KATANOFF, N. TH. 1900: „Über die Bestattungsgebräuche bei den Türkstämmen Central- und Ostasiens", *Keleti Szemle* 1, 100-13; 225-33; 277-86.
KATANOV, N. TH. siehe MENGES, KARL H.
KEHL-BODROGI, KRISZTINA 2005: *Religiöse Heilung und Heiler in Choresm, Usbekistan.* Halle: Max Planck Inst. for Social Anthropology.
KHATIB-CHAHIDI, JANE 1981: „Sexual Prohibitions, Shared Space and Fictive Marriages in Shi'ite Iran", in: S. ARDENER, 112-35.
KLEINMICHEL, SIGRID 2000: *Ḥalpa in Choresm (Ḥʷārazm) und Ātin Āyi im Ferġhanatal. Zur Geschichte des Lesens in Usbekistan im 20. Jahrhundert.* Berlin: Das Arabische Buch.
KNAPPERT, JAN 1989: „The concept of Death and the Afterlife in Islam", in: A. BERGER; P. BADHAM u.a., 55-65.
KRÄMER, ANNETTE 2002: *Geistliche Autorität und islamische Gesellschaft im Wandel. Studien über Frauenälteste (otin und xalfa) im unabhängigen Usbekistan.* Berlin: Klaus Schwarz.
LANG, BERNHARD 1993: Art. „Kult", *HrwG*, Bd. iii, 474-88.
— 1998: Art. „Ritual/Ritus", *HrwG*, Bd. iv, 442-58.
LEWIS, IOAN M. 1971: *Ecstatic Religion.* Middlesex u.a.: Penguin Books.
LI, YIH-YUAN 1976: „Chinese Geomancy and Ancestor Worship: A Further Discussion", in: W. H. NEWELL, 329-38.
LOIZOS, PETER; HEADY, PATRICK (Hrsg.) 1999: *Conceiving Persons. Ethnographies of Procreation, Fertility and Growth.* London – New Brunswick, N. J.: The Athlone Press.
LOUW, MARIA ELISABETH 2007: „When Divine Revelations take place in the city. Reflections on fieldwork in Bishkek",
http://src.auca.kg/images/stories/files/Report_Maria_Louw_June_20_2007_New.pdf
(Zugriff am 30.10.2007)
MACKERRAS, COLIN 1990: „The Uighurs", in: D. SINOR, 317-42.
MACLAGAN, IANTHE 1994: „Food and Gender in a Yemeni Community", in: S. ZUBAIDA; R. TAPPER, 159-72.
MANZ, BEATRICE FORBES (Hrsg.) 1995: *Joseph F. Fletcher: Studies on Chinese and Islamic Inner Asia.* Aldershot: Variorum.
MARCUS, JULIE 1992: *A World of Difference. Islam and Gender Hierarchy in Turkey.* London – New Jersey: Zed.

MENGES, KARL H. (Hrsg.) 1976: *Volkskundliche Texte aus Ost-Türkistan*. Aus d. Nachlaß von N. TH. KATANOV. Aus d. Sitzungsberichten d. Preussischen Akademie der Wissenschaften Philosophisch-Historische Klasse 1933 und 1936. Leipzig: Zentralantiquariat der Deutschen Demokratischen Republik.

MUWAHIDI, AHMAD ANISUZZAMAN 1989: „Islamic Perspectives on Death and Dying", in: A. BERGER; P. BADHAM, 38-54.

NEWELL, WILLIAM H. (Hrsg.) 1976: *Ancestors*. The Hague – Paris: Mouton.

— 1976: „Good and Bad Ancestors", in: W. H. NEWELL, 17-29.

OMAR, DILMURAT o. J.: „Do we need special field methods for observing and interviewing shamans?"; unveröff. Manuskript. Ürümči: Xinjiang Normal University.

ÖRNEK, SEDAT VEYIS 1971: *Anadolu folklorunda ölüm*. Ankara: Ankara Üniversitesi Dil ve Tarih-Coğrafya Fakültesi.

ORTNER, SHERRY B.; WHITEHEAD, HARRIET (Hrsg.) 1981: *The Cultural Construction of Gender and Sexuality*. Cambridge – London u.a.: Cambridge Univ. Press.

—; WHITEHEAD, HARRIET 1981: „Introduction. Accounting for sexual meanings", in: H. WHITEHEAD, 1-27.

PALMISANO, ANTONIO 1988: Art. „Ahnenverehrung", *HrwG*, Bd. i, 419-21.

PFEFFER, GEORG 1999: Art. „Bestattung", *Wörterbuch der Völkerkunde*, 48-9.

PRIVRATSKY, BRUCE G. 2001: *Muslim Turkistan. Kazak Religion and Collec-tive Memory*. Richmond – Surrey: Curzon.

QING-LI, YUAN 1990: „Population Changes in the Xinjiang Uighur Autonomous Region (1949-1984)", *CAS* 9/1, 49-73.

RASANAYAGAM, JOHAN 2006a: „Healing with spirits and the formation of Muslim selfhood in post-Soviet Uzbekistan", *Journal of the Royal Anthropological Institute* 12 (2), 377–93.

RASULY-PALECZEK, GABRIELE; KATSCHNIG, JULIA (Hrsg.) 2004: *Central Asia on Diplay*. Proceedings of the VII. Conference of the European Society for Central Asian Studies. Wien: LIT.

RAXMAN, ABDUKERIM 1989: *Uyğur folklori häqqidä bayan* [Erläuterungen zur uigurischen Folklore]. Ürümči: Šiŋaŋ Dašö Näšriyati.

—; HÄMDULLA, RÄVÄYDULLA; XUŠTAR, ŠERIP 1996: *Uyğur örp-adätliri* [Uigurische Bräuche]. Ürümči: Šiŋaŋ Yašlar-Ösmürlär Näšriyati.

ROSALDO, MICHELLE Z. 1974: „Woman, culture and society: a theoretical overview", in: M. ROSALDO; L. LAMPHERE, 17-42.

—; LAMPHERE, L. (Hrsg.) 1974: *Woman, culture and society*. Stanford: Stanford Univ. Press.

ROUX, JEAN-PAUL 1963: *La mort chez les peuples altaïques anciens et médiévaux d'après les documents écrits*. Paris: Libraire d'Amérique et d'Orient.
— 1984: *La religion des Turcs et des Mongols*. Paris: Bibliothèque Historique.
RUDELSON, JUSTIN J. 1997: *Oasis Identities. Uyghur Nationalism Along China's Silk Road*. New York: Columbia University.
—; JANKOWIAK, WILLIAM 2004: „Acculturation and Resistance. Xinjiang Identities in Flux", in: S. F. STARR, 299-319.
SAMOLIN, WILLIAM 1964: *East Turkistan to the Twelfth Century*. London u.a.: Mouton & Co.
SCHIMMEL, ANEMARIE 1990: Kap. „Traditionelle Frömmigkeit. Krankheit und Tod", in: M. D. AHMAD; A. SCHIMMEL u.a., 249-52.
— 1995 (engl. 1975): *Mystische Dimensionen des Islam. Die Geschichte des Sufismus*. Frankfurt am Main – Leipzig: Insel.
SINOR, DENIS 1976: „What is Inner Asia?", in: W. HEISSIG, *Altaica Collecta. Berichte und Vorträge der XVII. Permanent International Altaistic Conference, 3.-8. Juni 1974 in Bonn/Bad Honnef*. Wiesbaden: Harrassowitz, 245-58.
— (Hrsg.) 1990: *The Cambridge History of Early Inner Asia*. Cambridge u.a.: Cambridge Univ. Press.
— (Hrsg.) 1997: *Studies in Medieval Inner Asia*. Aldershot – Brookfield, Vermont: Ashgate.
— 1997: „The Uighur Empire of Mongolia", in: D. SINOR, v/1-29.
SNEZAREV [SNESAREV], GLEB P. 2003: *Remnants of Pre-Islamic Beliefs and Rituals among the Khorezm Uzbeks*. Berlin: Reinhold Schletzer Verlag. [1969: *Relikty domusulmanskich verovanii i obriadov u usbekov Khorezma*. Moskva: Izd Nauk]
STARR, S. FREDERICK (Hrsg.) 2004: *Xinjiang. China's Muslim Borderland*. Armonk, NY u.a.: M. E. Sharpe.
STRATHERN, MARILYN 1981: „Self-interest and social good", in: S. B. ORTNER; H. WHITEHEAD, 166-91.
THOMAS, NICHOLAS; HUMPHREY, CAROLINE (Hrsg.) [2]1997 (1994): *Shamanism, History and the State*. Michigan: Univ. of Michigan Press.
THROWER, JAMES 2004: *The religious History of Central Asia from the earliest times to the present day*. Lewiston, N. Y. u.a.: The Edwin Mellen Press.
TOGAN, ISENBIKE 1992: „Islam in a Changing Society. The Khojas of Eastern Turkistan", in: J.-A. GROSS, 134-48.
TRITTON, A. S. 1956: Art. „djanāza", EI^2, Bd. ii, 441 f.
TROOPS, STANLEY W. 2004: „The Demography of Xinjiang", in: S. F. STARR, 241-63.

TRYJARSKI, EDWARD 2001: *Bestattungsriten türkischer Völker.* Berlin: Reinhold Schletzer Verlag. [1991: Zwyczaje pogrzebowe ludów tureckich na tle ich wierze´n. Warszawa: Wydawn. Naukowe PWN]

TURNER, VICTOR W. 1969: *The Ritual Process. Structure and Anti-Structure.* Chicago: Aldine Publishing Company.

WAITE, EDMUND 2002: *The Impact of Socialist Rule on a Muslim Minority in China: Islam amongst the Uyghurs of Kashgar.* PhD Diss., Cambridge: Cambridge University.

— 2006: „The impact of the state on Islam amongt the Uyghurs: religious knowledge and authority in the Kashgar Oasis", *CAS* 25/3, 251-65.

WALTER, MARIKO NAMBA; FRIDMAN, EVA JANE NEUMANN (Hrsg.) 2004: *Shamanism: an Encyclopedia of World Beliefs, Practices, and Culture.* Oxford: ABC-Clio.

WANG, JIANXIN 2004: *Uyghur education and social order: the role of Islamic leadership in the Turpan Basin.* Tokyo: Research Inst. for Languages and Cultures of Asia and Africa.

WANG, SUNG-HSING 1976: „Ancestors Proper and Peripheral", in: W. NEWELL, 365-72.

WEGGEL, OSKAR ³1987 (1984): *Xinjiang/Sinkiang: Das zentralasiatische China. Eine Landeskunde.* Hamburg: Inst. für Asienkunde.

WENSINCK, A. J. 1992: Art. „Munkar wa-Nakīr", EI^2, Bd. vii, 576 f.

— 1995: Art. „sha'bān", EI^2, Bd. ix, 154.

WILCKE, CAROLINE ANTONIA 2004: „Spiritual Bonds – Symbols of the Hereafter: Gender-Images in the Religious Practice of Women in Uzbekistan", in: G. RASULY-PALECZEK; J. KATSCHNIG, 339-53.

YALÇINKAYA, ALÂEDDIN 1997: „The frontiers of Turkestan", *CAS* 16/3, 431-38.

ZARCONE, THIERRY 1995: „Turquie et Asie centrale", in: H. CHAMBERT-LOIR; C. GUILLOT, 267-333.

— 2001: „Le culte des saints au Xinjiang de 1949 à nos jours", *Journal of the History of Sufism* 3, 133-72.

ZUBAIDA, SAMI; TAPPER, RICHARD (Hrsg.) 1994: *Culinary Cultures of the Middle East.* London – New York: I. B. Tauris.

INDEX

adät/örp-adät	16 f., 56, 78
adrasman	18 (siehe auch „Steppenraute")
albasti	18
arča	18 (siehe auch „Wacholder")
ärvah	23 f. und passim
at toy	14, 54
Atuš	8 f., 12, 14 f., 39, 51, 54
avaq eši	62 (siehe auch *oruq eši*)
ävliya	19 f., 50, 81 (siehe auch „Heilige")
bara'ät	41 ff., 56, 62, 64
baxši	21, 52, 55 (siehe auch „Heiler", „Schamane")
Besessenheit	18, 21, 25, 54, 63, 68
Bestattung	7 f., 27-32, 34-38, 65, 68 f., 74, 76 ff., 81
Brautgeld	15
büvi	30, 39, 51, 54, 57
Chinesen	siehe „Han-Chinesen"
däpnä	54, 74 (siehe auch „Bestattung")
daxan	21, 52 (siehe auch „Heiler", „Schamane")
din	16 f., 21, 42, 64, 72, 78, 81
Donnerstag	33, 38 ff., 62
dozax	siehe *ğähännäm*
du'a	37 f., 40, 42, 45, 63, 73
Friedhof	18 f., 31, 38 f., 56 f., 63 (siehe auch *qäbristanliq*)
ğadugär	17, 53 (siehe auch „Zauberei")
ğähännäm	27, 76, 78
ğan	23 ff., 67, 77
ğännät	27, 30, 37, 76, 78 (siehe auch „Paradies")
Geister	18-22 und passim
ğin	18 f., 39, 57, 63

INDEX

Grab	19 f., 26, 29, 31 f., 37 ff., 41, 43, 50 f., 54, 56 f., 61 ff., 66 f., 69, 71 ff.
hämrah	31, 38
Han-Chinesen	10 f., 13, 16, 33, 44, 64, 67 73 f. (siehe auch *xänzu*)
haza ečiš	30, 60
hazidar	32
Heiler	21 f., 32, 52-55, 61, 68 (siehe auch „Schamane")
Heilige, Heiligenkult	18 ff., 50 ff., 54, 56 f., 64, 68 f., 81
Hotan	8, 19
hürmät	37, 60, 69, 72 f., 78
imam	siehe *molla*
isriq seliš	siehe „Rauch"
issiqliq	35, 58
Kašgar	8, 21, 31, 64
Khoja	12 f., 19, 50
lägmän	46 f.
mähällä	13 f., 30, 34, 51
mazar	19 f., 50 f. (siehe auch „Heilige, Heiligenkult")
millät	13, 16
molla	30 f., 33 f., 38 f., 43, 47, 51, 53 ff., 64, 66, 71
muhim	50 f.
muqäddäs ğay	19 f.
namähräm	29, 48, 56 f.
namaz	30, 42 f., 78
näzir	28 f., 32-38, 41, 46, 51, 58 f., 63 f., 67, 70 ff., 74
oruq eši	62 f. (siehe auch *avaq eši*)
Ostturkestan	10 f. und passim
palči	siehe „Wahrsager, Wahrsagerei"
Paradies	27, 36, 37, 76 (siehe auch *ğännät*)
pärištä	18, 25

Patrilinearität	14 f., 52, 74, 77
Patrilokalität	14 f., 57
payšänbä küni	40 (siehe „Donnerstag")
perixon	21, 52 (siehe auch „Heiler", „Schamane")
Pfannkuchen	34, 40, 43, 52, 57, 63
pir oynitiš	21
polo	34, 40, 46 f., 49 f., 57
poškal	34, 39 f., 42 f., 57, 62 (siehe auch „Pfannkuchen")
qäbrä	31 (siehe „Grab")
qäbristanliq	38 (siehe „Friedhof")
qara uzitiš	35
qariy	30
qariliq	32 f.
qiz-yigit toy	14, 46, 54, 73
qumilaqči	siehe „Wahrsager, Wahrsagerei"
qurban heyt	17, 41 f., 57, 71
quymaq	34, 40, 43, 57 (siehe auch „Pfannkuchen")
Rauch	18, 39, 62, 65, 67
religiöse Spezialisten	18, 20 ff., 50, 53 ff., 59, 68, 76 f.
roh	18, 23-26, 31-34, 36-41, 61 ff., 65-69, 72 f., 77, 81
rohiy nikah	66
rohinatlarġa dastixan seliš	56, 63 f.
roza heyt	16 f., 41, 57
šamanizm	21, 54 (siehe auch „Schamanismus")
savab	31, 36, 40, 69
šäxsi	50 ff., 58
šaytun	18 f.
Schamane	21 f., 25 f., 52-55, 61 f., 70 (siehe auch „Heiler")
Schamanismus	21 f. (siehe auch *šamanizm*)
sehirči	53 (siehe auch „Zauberei")
Senioritätsprinzip	14, 69, 73
Sinisierung	10
Steppenraute	18, 39
tälbä	21 (siehe auch „Besessenheit")
Totenklage	siehe *haza ečiš*

toy	13 f., 26, 46, 54, 73
toyluq	15
tuġ	19 f., 43
Urumqi	8, 10, 19 ff., 33, 41, 43 f., 57, 63, 66
Wacholder	18 f., 39
Wahrsager, Wahrsagerei	20, 52, 54
xänzu	10, 16, 64 (siehe auch „Han-Chinesen")
xätnä toy	14, 46, 54
xurapatliq	16 f., 54, 56
yaġ puritiš	34, 40 f., 56 ff., 63, 65, 67
Yarkend	8, 19 f., 39, 63
Zauberei	17, 53 f.

Bei Fragen zur Produktsicherheit wenden Sie sich bitte an:
If you have any questions regarding product safety,
please contact:

Walter de Gruyter GmbH
Genthiner Straße 13
10785 Berlin
productsafety@degruyterbrill.com